Cuando La Habana era La Habana

Graciela Lodeiro

eRIGINAL Books

Publicado por Eriginal Books LLC
Miami, Florida
www.eriginalbooks.com
www.eriginalbooks.net

Printed in the United States

ISBN 978-1-61370-040-2

A Yeyi: La esencia indivisible de la bondad
A tía Lydia: Su abrazo unió nuestros pedazos
A mi hijo Raúl: El motor impulsor y mi orgullo

Índice

Bienvenidos

En el reino del pensamiento
hay muy pocos límites

Con estos relatos intento mirar atrás con cariño. Intento volver de la mano de los recuerdos, a finales de los cincuenta en El Vedado, en la espléndida ciudad de La Habana. Por aquellos años la alegría flotaba en las familias y aprendimos a reírnos de todo y de todos. La vida parecía ser simple, el futuro parecía ser bueno y se veía con ilusión y sin miedos.

Vivir era sinónimo de esperanza y la esperanza era posible convertirla en realidad. Como aquel gallito escondido dentro del jabón Candado que sorprendía al comprador con un premio. Usted con suerte podía «sacarse una casa» lavando una blusa de guarandol de a peso... y hasta darle un «patatús» de alegría. Y es que en Cuba crecía la ilusión como la espuma, nunca mejor dicho.

No se necesitaba justificación alguna para querer a alguien. Y se quería así, así, porque sí... sin desconfianza y sin límites. Y como los afectos son generalmente recíprocos, en el aire se respiraba armonía. Una armonía que se repartía a diestra y siniestra, por obra y gracia del espíritu santo.

Con estas historias recorreremos lugares de ensueño donde floreció y creció el amor a lo nuestro. Caminaremos por El Vedado, por la famosa calle 23, por los portales del Ten Cent (Woolworth), por la calle Paseo hasta la linda Avenida de los Presidentes. Visitaremos la populosa y vital esquina de 23 y 12. Seguiremos a la calle Zapata atravesando aquellos portales desbordados de fragantes flores frescas.

Todos aquellos lugares mágicos, verdaderos mosaicos de estampas costumbristas, que hoy dibuja el pincel de la nostalgia.

Andando y desandando entre anécdotas y fotos desempolvaré imágenes y leyendas de mi infancia. Recuerdos que se fueron haciendo y cosiendo unos con otros. Historias nacidas en la ciudad de La Habana, bautizada por el círculo intelectual de la época como el «París de América». Una ciudad repleta de cuentos para niños, prodiga en románticos atardeceres para jóvenes y en nostálgicas noches para mayores.

Aquella inolvidable ciudad, encantada y encantadora, habitada por entrañables personajes que mantienen hoy su frescura y su vigencia, que trascendieron el tiempo y aún siguen siendo símbolos habaneros.

Trataré de hacer justicia a esas figuras que parecen salidas de la pluma de un trasnochado y caribeño Hans Christian Anderson, pero que fueron ¡reales, muy reales! «Cada quien con su cada cual». Todos con su personalidad y «cultura mental» propia. Todos con su individual e intransferible forma de hechizar y cautivarnos en una ciudad poliédrica. Todos, que sin proponérselo hicieron latir con cadencia y sabrosura el corazón de nuestra capital, para deleite de los que como yo vivieron cuando La Habana era La Habana.

Recordaremos a esa ciudad que respira con nosotros a pesar del tiempo y la distancia. Que abarca y significa tanto. ¡Que guarda tanto de nosotros!

Allí transcurrió mi infancia y señores, les aseguro, que aquello sí que era «mucho con demasiado».

Allí descubrí el helado Guarina con sabor a limón y el *popsicle* de chocolate.

Allí por primera y única vez en mi vida, vi una mosca de ojos verdes y un cocuyo con luces azules.

Allí aprendí a diferenciar a un perro loco de una tortuga cuerda... En fin allí aprendí a entender a la gente.

Allí vi que no hay nada mejor que el cocimiento de vicaria blanca para curar los «ojos pegaos».

Allí gané una cestica de bombones por recitar el poema de Martí: *Los Dos Príncipes.*

Allí aprendí a nadar regular y a bailar ballet, ¡peor!

Allí lloré por muchas razones. Y también reí

tanto, y tantas veces sin parar, que acabé llorando de tanto reír.

Allí nací, como muchos, como tantos cubanos.

Soy parte de una generación que creció entre valores. Esos mismos valores que nos han dado fuerzas para sobrevivir y seguir adelante.

Soy parte de una generación que entendió y aprendió, en medio de huracanes políticos y atmosféricos, que en esta vida solo se cambia de rumbo... dando tumbos.

Por eso permítanme por un brevísimo tiempo la pretensión de respirar el aire de mi tierra, de echar mano a la licencia que cargamos los cubanos de poder regresar imaginariamente, a aquella Cuba nuestra... ¡a la Cuba mía!

Nosotros:
retrato hablado

Los cubanos sabemos que el mundo puede variar en sólo unos segundos... Al fin y al cabo, todos somos resultado de esos segundos de cambios.

Dicen los ingleses que un mar calmado no hace buenos marineros. De eso damos fe los cubanos, con nuestro particular código de señales. Nosotros somos nadadores probados y de largo alcance. ¡Qué a nadie le quepa la menor duda! Nosotros nadamos con marea alta, con marea baja. Incluso nadamos hasta sin agua. Porque sabemos muy bien que la cuestión está en nadar y nadar, contra viento y marea, hasta llegar a una orilla. Y una vez en la orilla... señores «a Dios que reparta suerte». Porque al fin y al cabo «a quien Dios se lo dio, San Pedro se lo bendiga».

En tierra firme caminamos a veces solos y otras con poca o ninguna ayuda. Y en ese andar andando, aprendimos en carne viva, a hierro y fuego, que la lección que «el sufrir pasa, pero el haber sufrido jamás». Y de repente notamos, que llevamos en nosotros, las marcas de lo vivido.

Cargamos recuerdos dolorosos que nos unen y nos hacen hablar el mismo «idioma». Aprendimos a pulso que el abandono y el desengaño castigan la esperanza. Que las ausencias compartidas son menos dolorosas y quizás hasta menos ausencias. Y así vamos, vistiendo nuestros sentimientos con música. Esa poderosa música cubana que ilumina y reproduce nuestras raíces y que se mezcla en la memoria con los olores de nuestra infancia. Que nos alegra el alma, a pesar de los pesares. Así vamos, confesándonos sólo en voz baja con Dios y nuestros muertos. Admitiendo con dolor el vacío que la salida de la Isla nos dejó y que el paso del tiempo sólo ha conseguido aumentar. Sólo el dueño de la herida sabe cuando ésta cerró, y la nuestra aún sigue abierta. Quizás por eso sentimos como propio, el triunfo de un compatriota en el exilio. Cualquiera que sea su historia, sabemos del esfuerzo desgarrador que ha hecho por salir adelante lejos de su país.

En nuestras billeteras llevamos un variopinto grupo de fotos. Entre todas hay una que guardamos con exquisito cuidado: la del retrato ampliado de nuestra nostalgia por Cuba.

Fuera de nuestra tierra nosotros somos como las hormigas. No me refiero a su laboriosidad, sino a la efusividad y la locura que se desata en un encuentro entre ellas. Cuando una hormiga se cruza con otra, se miran fijamente a los ojos. Se saludan uniendo sus antenas, y ¡chass! enloquecen. Se arrebatan de alegría y hasta se intercambian el número de teléfono.

Algo parecido nos pasa cuando nos encontramos con otro cubano. Pocas cosas en la vida nos alborotan tanto como cuando descubrimos, en cualquier lugar del mundo, a alguien con nuestro personal e intransferible sello de fábrica. Enseguida que olfateamos que estamos cerca de otro cubano (y el lugar no permite verbalizar la emoción) nos suena una campanita dentro del pecho y enseguida se nos dibuja una sonrisa con toda «la cajetilla afuera». Sinónimo de «¡¡Coñooó. Caballero, conozco mi gente a la legua!!».

Si por casualidad en el encuentro estamos en compañía de otro cubano, hay variantes. Primero viene el codazo cómplice y luego la mirada de camaján de: «¡Coñooó!, ¿qué te dije? ¡Soy una fiera, mi gente no se me despinta!».

Entonces señores, por muy «tarajallú» que estemos, y por muchas canas que pintemos, no podemos contener la desbordante felicidad que nos invade y ahí mismo se formó el «acabose». Se armó la «rebambaramba», se formó el «titingó». ¡No hay Dios que resista aquello!... Irrumpe en nosotros una reacción de incontenibles emociones que nos domina y se disemina.

En ese momento «¡tiembla la tierra!». Brota en arrolladora cascada el «síndrome del cubano lejos de su patria». Y señores «ahora es cuando es y no cuando tú decías...» y «andando, que pá luego es tarde». Allí mismo se improvisa la conversación por cualquier «guanajá». Al minuto ya no tenemos ninguna duda. Aquel cubano es casi y sin el casi, «es» nuestro hermano. Ya vemos en él al compañero de escuela primaria, al vecino de toda la vida, «al socio de las cumbanchas».

Y para hacer el acontecimiento inolvidable el universo también coopera. Desde otras galaxias viajan estrellitas multicolores a iluminar tan conmovedora escena. Y lógicamente levitamos, como los muñequitos de Walt Disney. Y en plena levitación integramos al cubano recién descubierto en nuestra pueril y nostálgica fantasía.

Claro está que interpretamos este encuentro como la más pura manifestación de la fuerza centrípeta de Dios. Porque señores, olvídense de la lógica en un cubano emocionado. Eso aquí no va, no encaja, no funciona, no existe. La lógica y la emoción juntas en un cubano es mucho pedir. Eso es mucho para un solo corazón. Esa combinación, «¡era verde y se la comió el chivo, caballero!».

Pero al margen de descifrar el extraordinario acontecimiento, lo cierto del caso es que ya no hay vuelta de hoja. Ya nada será igual en el mundomundial. «*Love is in the air*», y la alegría sin freno explota como un «siquitraqui».

Y en ese histórico instante: llueve café, y café con leche y congrí con carne de puerco y yuca con

16

mojo... Sí señores, llueven todo tipo de invitaciones. Porque los cubanos somos ante todo martianos y al encontrar a un compatriota, hacemos como Pilar, la de *Los zapaticos de rosa*, en el verso: «toma, toma los míos yo tengo más en mi casa».

El análisis de los procesos psico-dinámicos y las emociones en los cubanos, lo sintetiza la frase del ilustre y nunca bien ponderado filósofo Pototo, cuando dijo: «La sangre ñama».

Toda conversación entre cubanos de pura raza es digna de un psicoanálisis. Teniendo en cuenta que además contamos con el don divino de poder hablar todos a la vez, en un grupo con cualquier número de gente, y además entendernos perfectamente.

A un observador, desconocedor de nuestra idiosincrasia, podría parecerle que se trata de una conversación entre sordos o que alguno «tiene un tornillo flojo», «una teja suelta» o «guayabitos en la azotea». Pero nada más lejos de la realidad, simplemente es que somos capaces de responder a distancia y sin control remoto al que habló desde la acera de enfrente o desde casi cualquier distancia. Simultáneamente, y sin esfuerzo alguno, podemos seguir hablando con toda coherencia con el vecino de al lado. Por supuesto sin perder el hilo de la conversación, y naturalmente, siempre dando conclusiones «irrebatibles».

Es así, increíble, pero cierto. Esto es lo normal entre nosotros que a la hora de verdad no hay quien nos ponga un pie alante como modestos. Por eso «cubaneamos», la frase de *Los Tres Mosqueteros* de Alejandro Dumas: «Uno para todos y todos para uno», en: «Todos para todos. ¿Y uno? Uno también para todos, chico».

Dentro de nuestra variedad de cubanos sobresale el cubano «rellollo», que por derecho propio ya es parte de nuestro estandarte nacional. Ese personaje cuenta entre sus variados atributos el manejar con gran fluidez las palabras, entrelazándolas con gran originalidad. Su pericia en el uso armonioso de las vocales lo resume el calificativo «come mierda», sin duda su frase insignia. Una auténtica creación, genuinamente cubana, tan cubana como la palma real, la guayabera o la friturita de malanga. Un título que retrata con lujo de detalles, de cuerpo entero, a todo color, en tercera dimensión...y hasta en la dimensión desconocida, «al más pinto de la paloma».

Pocos se han librado de llevar colgado ese San Benito. Es una expresión sui géneris, envolvente y musical que no discrimina, ni raza, ni origen y está siempre al alcance de todos.

Puede usted personalmente comprobar la magistral unión de estas vocales en forma tan melodiosa. Pronuncie la frase a solas. Practique usted sin pena y despacito: «comeee mieeerdaaa». ¿Lo ve? ¿Lo oye? ¿Lo siente?

Sin embargo, la interpretación al pie de la letra de esta frase la ha condenado injustamente y fuera de toda lógica, al ostracismo y a la marginación por parte de los catedráticos de la Real Academia de la Lengua Española.

Y me pregunto: ¿Hasta cuándo tendremos que esperar, señores académicos, para que nos la reconozcan? «¡Hasta cuándo van a ser pollos los gallos de Menocal!».

No obstante soy optimista y confío que un día no muy lejano, a nuestro insigne «come mierda», se le hará justicia, por las virtudes que le han sido conferidas y transmitidas de generación en generación de cubanoparlantes. Da igual que su admisión se haga con bombos y platillos o a paso de conga y con tumbadora. Pero sé que será reconocida e integrada en ese prestigioso diccionario, en estricto cumplimiento de aquello de «honor a quien honor merece».

De todo como en botica

Un cubano sabe mucho, pero mucho... muchísimo de todo. Y lo que no sabe se lo imagina, lo crea, se lo inventa, que no es lo mismo, ni se escribe igual. El cubano es capaz de dar una conferencia a «tó meter» por todo lo alto, de un asunto del que no tiene ni la más puta idea. Tan sólo dele usted «el pie» que desarrollará el tema ipso facto. Eso sí con gran seriedad, sin pestañear y con un absoluto dominio escénico... para asombro de propios y extraños.

¡Ah! Y si las circunstancias así lo ameritan, no dudará en regalarle otra conferencia más. Esta vez con un tema de su propia inspiración. Aclarando previamente, con voz engolada y una tremenda cara dura, que lo hace complaciendo múltiples peticiones. ¡Y aguántese usted... que Dios nos coja confesados!... ¡Allá va eso!

El cubano también es hacendoso y multioficio. Es maestro en muchas profesiones y especialista en todo. En honor a la verdad-verdadera, somos un poquitico y un mucho de todo. Somos filósofo, pelotero, médico, bailarín, político, consejero, albañil, mecánico, abogado, músico, adivino, familiar, muuuy creyente y todo esto sin perder el humor.

Es justo reconocer además la veta de amoroso, chispeante y espontáneo. Sin embargo aunque somos todo un dechado de virtudes y perfecciones, nos corona la sencillez... ¡Modestia aparte!

Mario

A fines de la década de los cincuenta las malas palabras eran patrimonio exclusivo de los adultos y sólo se oían de «Pascuas a San Juan».

Tuve la suerte de conocer a un distinguido y elegante señor que pertenecía al círculo de amigos más cercano a mis padres. Era un galán otoñal con poses de seductor, muy sonriente y halagador. Una réplica criolla de Maurice Chevalier, sin bastón ni sombrero de jipi-japa. En contraste con su aspecto atildado y sus buenas maneras era el hombre con la «lengua más suelta y más sucia que había en La Habana y sus alrededores» según Yeyi. Lo cierto era que Mario Rodríguez tenía un agudo sentido del humor, y con la mayor naturalidad del mundo y en el momento más oportuno lanzaba sin el menor recato una «recua» de disparates (malas palabras) delante de cualquiera. Conservando siempre a ultranza su elegante apariencia y sus refinadas modales.

Tenía el típico humor efervescente del cubano en su estado puro y sus ocurrentes frases no se oían ni ofensivas, ni groseras. Huelga decir que por derecho propio se convirtió en mi héroe. Nadie como él para regar el relajo, en un segundo, como un juego de yaquis. Mario todo lo salpicaba con picardía criolla que soltaba sin miseria «a montón pila y burujón puñao».

En una época le entró la fiebre de coleccionar sellos y formó parte de la Sociedad Filatélica de Cuba. Una tarde llegó a mi casa muy contento con unas estampillas españolas del 1800. Estuvo enseñándole a mi padre un álbum con hojas transparentes llenas de sellos timbrados, colocados con gran delicadeza y precisión. Mario dijo que venía de una reunión en la Sociedad con un grupo selecto de los «sifilíticos» más prestigiosos del país.

En las vacaciones siempre era punto fijo con nosotros, junto al querido matrimonio de Con y Pire. Un verano en Varadero fuimos a tomar jugo de melón cerca del hotel Kawama. Estando todos en la cafetería alguien comentó: «Caballero esto está 'infestao' de iguanas».

La reacción de Mario fue instantánea. Saltó como resorte y con toda seriedad dijo: «Señores ahora sí, que se caga la perra». Rápidamente salió de la cafetería. Buscó por los alrededores un cuje y en un alarde de valentía desmedido, decidió investigar el terreno. Salió como puntero de la tropa de intrépidos exploradores que en un dos por tres se había organizado, siguiéndolo. Consuelito entusiasmada comentaba: «¡Caballero, ya con Mario delante tenemos al guanajo guía del grupo!».

Mientras él, concentrado profundamente en su particular safari, se perdía entre unas grandes rocas. El resto de la tribu, su fiel e insobornable fan club: Yeyi y yo observábamos con admiración la aventura, a una prudente distancia, claro. De pronto lo vimos salir «como bola por tronera». Rojo y peli-parao corrió sofocado hacia nosotros y con apenas un hilo de voz nos dijo:

«¡Coñooo, esos puñeteros bichos son más feos que culo é vieja!».

Días después, una mañana Mario amaneció «antojao» de comer en el desayuno chicharritas de plátano verde. Buscamos por todo Varadero, en medio del constante desfile de vendedores ambulantes cargando su mercancía, y ni por asomo se veía al hombre de las chicharritas.

Caminó él solo un largo trecho. Pasó cerca de la Terminal de Ómnibus, donde había un rollo de gente gritando y comprando granizado. Se detuvo y le preguntó a una robusta señora por el vendedor de chicharritas. La señora con tanta gritería no lo oía o no lo entendía. Él repitió varias veces la pregunta, pero todos sus intentos fueron infructuosos. Entonces Mario estiró el cuello todo lo más que pudo y con gran autoridad dijo un: «¡Siooooooo-oó!», que retumbó en unas cuantas cuadras a la redonda. Momentáneamente se interrumpió la algarabía, y volviéndose a su interlocutora preguntó con gran delicadeza: «Señora, por favor, ¿usted ha visto por aquí al maricón que vende las mariquitas?».

La gruesa mujer se convirtió de repente en una bola de candela. Comenzó a sudar, lo miró y arrugando la nariz, le dijo: «¡Habráse visto cosa igual! ¡Tan viejo como está...tan fino que parece y buscando maricones en la playa tan tempranito!».

Mario no se inmutó, dio media vuelta y siguió muy campante buscando al hombre de las mariquitas. Atrás quedó la bulla y el «tropelaje» por el granizado que volvió de nuevo al clímax del alboroto.

Mientras a la voluminosa señora se le unieron otras dos no menos gordas. Todas cuchicheaban mirándolo despectivamente de reojo. El chismorreo a él le importaba un pito, porque él siempre iba: «por la libre empresa y la Constitución del Cuarenta».

Sin duda Mario era un fenómeno social completo. Además de sus comentarios y chistes subidos de tono era un magnífico nadador a pesar de sus setenta y tantos años. Recuerdo que una vez hospedados en el Hotel Jagua de Cienfuegos nadó en la piscina, compitiendo con varios jóvenes que podían ser casi sus nietos. Cuando alguien elogiaba su agilidad, sonreía diciendo que él era «Tarzán sin Chita en Cubita».

Durante los días que estuvimos en el Hotel Jagua llevó su carro a un mecánico para arreglar el cierre de una de sus puertas. Después de recoger la máquina comprobó que le habían hecho una chapucería, porque el picaporte del lado del chofer había quedado «más flojo que peo de puta». Inconforme con el trabajo volvió al mecánico y media hora más tarde regresó sonriente y comentó: «Hablé con el gallego dueño, que estaba en la musaraña. Con delicadeza le formé un huéleme el nabo de aquellos, y listo... remedio santo, lo han dejado como niña de quince. Porque caballero el ojo del amo engorda al caballo y «una cosa es con guitarra y otra con violín».

Religiosamente todos los domingos por la tarde «llueve, truene o relampaguee», Mario iba al Club Náutico, a jugar «su» partido de dominó con el resto de sus amigos. Sus compañeros eran un grupo de alegres octogenarios a los que él llamaba: los «boys scouts del Náutico». Juntos, todos «los muchachos del Kinder» invadían las mesas del salón de juegos en el segundo piso del edificio principal.

El Club Náutico estaba al final de la 5ª Avenida, justo al lado del Casino Español, pasando la rotonda del cinódromo de Miramar (donde se hacían carreras de perros galgos).

La calle que llevaba a la entrada del Club estaba al inicio del Reparto residencial Náutico. El edificio central del Club tenía un original que intentaba reproducir un barco anclado. Su vestíbulo era amplísimo y desde el umbral se apreciaba la magnífica playa en todo su esplendor.

Los domingos El Náutico tenía mucho movimiento porque también había bailables con diferentes orquestas. No obstante las tardes de dominó, de Mario y sus «fiñes», estaban siempre aseguradas en el salón de juegos de mesa, rodeado de ventanas de cristal que dejaba ver un paisaje espléndido.

Hasta el Club llegaba manejando él mismo su carrito con tipo de fosforera. Era un Renault deportivo azul prusia al que él llamaba su «velocípedo». Cuando dejaba atrás la Quinta Avenida y cogía la calle que lo llevaba directo a la entrada del Club, se iba sintiendo más relajado, «más en familia». Frente al edificio principal, con el carro subía la acera y el breve escalón de granito negro del vestíbulo. Seguía muy tranquilo hasta detenerse frente a un mostrador que estaba a la entrada, justo al lado de los asientos de playa situados en fila india. Una vez allí muy digno y estirado se bajaba del carro y le entregaba las llaves a uno de los parqueadores. Todos eran sus amigos, por sus chistes campechanos y especialmente por las buenísimas propinas que daba.

Su *personal show* dominical al entrar de esa manera al Club generaba diversión en unos y asombro en otros. Ver salir de aquel extraño carrito a un señor mayor sonriente señor que saludaba efusivamente a todos (conocidos y desconocidos) con igual afecto, era algo digno de verse. ¡Como si fuera el alcalde de La Habana! ...Allá iba él, con su amplia sonrisa, derrochando simpatía y buen humor. Allá con una suculenta dosis de desparpajo estaba uno de los irrepetibles cubanos de aquellos años.

Cuando las muestras de afecto le parecían excesivas las cortaba de forma tajante diciendo: «Bueno Trompo-loco me retiro con todos los honores...y al carajo albañiles que se acabó la mezcla».

Mario era el representante de los carros europeos que entraban comercialmente a Cuba por el muelle de la bahía de La Habana. Por eso recuerdo haberle visto una infinita variedad de estilos de carros europeos pequeñitos.

Su preferido era el Renault azul prusia porque no le daba dolores de cabeza. A la hora de echarle combustible, podía en lugar de gasolina echarle petróleo, y «seguía tan contento como si nada» sin problema alguno. A diferencia de los carros americanos de la época que eran grandes y espaciosos, aquel carrito pequeñito realmente llamaba mucho la atención. Entre otras cosas porque cuando íbamos de excursión le sacaba los asientos y los ponía en la arena para que las señoras se sentaran a coger el sol.

Era además descapotable, pero parcialmente. Él decía que era una «lata de sardinas francesas con ruedas », porque «el hueco» era en el medio del techo. Quizás este fue el abuelo del actual estilo *sunroof*. Las ventillas se abrían por la mitad, empujándolas desde dentro hacia fuera y hacia arriba, quedando enganchadas por la mitad. Ese Renault fue la musa inspiradora de la hormiga atómica.

En una ocasión para probar la resistencia de uno de aquellos carros, Mario organizó un viaje por carretera de La Habana a Oriente, con sus sobrinos Con y Pire Aunque él decía que en realidad iba como buen cubano a cumplir con el mensaje de la canción de Coralia y Ramón Veloz de «conozca Cuba primero y al extranjero después».

Oriente, es la provincia más montañosa de Cuba y sus paisajes son famosos por su gran belleza. En uno de sus recorridos, atravesando montañas, intentaban llegar a una playa sin mapa. Se guiaban sólo por las orientaciones de algún que otro montuno, que les decía que la playa quedaba «al cantío de un gallo». Iban eufóricos y optimistas, cuando de pronto se encontraron en la punta de una gigantesca loma sin otra posibilidad que seguir pa'lante.

Contaba Consuelito, uno de los heroicos tripulantes del viaje, que desde la cima de la montaña las casitas se veían como punticos. De repente se vieron descendiendo con una rapidez vertiginosa. A medida que bajaban, la velocidad del carro iba aumentando y aumentando. Porque Mario que no era un chofer muy diestro, del susto que tenía no podía sacar el pie del acelerador, ni tampoco dejaba de tocar el claxon.

Como la cosa no estaba para juegos, y mirando que tenían ante sí la inminencia de un accidente, empezaron desde el carro a pedir auxilio. Cuál de los tres gritaba más alto. Al oírlos desgañitándose, todos los habitantes de las casitas salieron para presenciar en primera fila y a todo color el desastre que se avecinaba. Sin disminuir la intensidad de los gritos, ni la velocidad del carro, Mario pasó, increíblemente, por delante de los estupefactos campesinos diciéndoles: «¡Adioooós!». Aquel fue el más largo y estridente adiós que se recuerda hasta el día de hoy, en esos parajes.

Cruzaron a la velócidad de un cohete pero sin lastimar a nadie. Tres kilómetros más abajo, después del caserío, ya con mucha menos velocidad y casi sin gasolina, chocaron con un montón de arena de la construcción de la iglesia del pueblo.

Al bajarse del carro, Mario totalmente «desencuardenao» y verde del susto. Se sentó «cachicambiao» como pudo sobre una piedra. Dando las gracias por salvarlos a su patrona personal «La Virgen de los Tres Pelos».

Cuando íbamos a Matanzas era una parada obligatoria el puente de Bacunayagua. Allí a la orilla de la carretera vendían todo tipo de dulces criollos, jugos y batidos. Razón más que suficiente para que los viajeros pararan y se bajaran a comer «algo».

Sobre una gran mesa de madera colocaban los deliciosos jugos recién hechos de melón, de naranja, piña, fruta bomba, limonada, hasta champola de guanábana. También vendían mamoncillos, mangos, piñas, y sobre todo: un exquisito y calientico pan con lechón asado.

Mario siempre era el primero en llegar al lugar para inspeccionar la limpieza, para eso él era «el guanajo guía». Miraba receloso la higiene de todo y de todos antes de decidirse a comer. Y a pesar del desespero que teníamos por devorar todo aquello, él advertía de forma lacónica: «A la primera mosca cojonera que vea me voy».

Al final era él quien más comía y el que más satisfecho salía. Regresaba al carro feliz, diciendo: «si señores, barriga llena corazón contento».

Protagonistas de una ciudad de ensueño

Personajes y Leyendas

Pensar es uno de los placeres, no siempre conscientes, del ser humano. Y al revisar las leyendas habaneras salta como justificación la frase de Ortega y Gasset «yo soy yo y mis circunstancias».

Los protagonistas de estas historias llevan consigo la ternura y la dignidad que ellos mismos hicieron florecer, bajo un cielo azul de encuentros. Son figuras de la fantástica mitología habanera, irrepetible e inolvidable, que persisten con toda su frescura y simbolismo en nuestras memorias

Son auténticos bastiones de una Habana que desbordó en ellos su prodigioso magnetismo convirtiéndolos en leyendas para ser contadas.

De París un caballero en La Habana

Perteneció a una estirpe de mosqueteros perdida en el Caribe. Con discreción y prudencia mantenía la hidalguía de una casta de hombres que habían traspasado con honra la cordura, llenando de versos la calle.

Es sin dudas, el personaje más querido de la reconocida aristocracia callejera de la ciudad de La Habana. Su imagen emblemática enriqueció la estampa costumbrista de la ciudad.

Nada que ver con la pétrea Giraldilla, tan lejos de la tierra y tan cerca del ron. Es él quien representa la leyenda eterna de una ciudad encantada.

Digno aristócrata, noble caballero andante, que conservó eternamente la ingenuidad que le daba el vivir en su propio mundo, ajeno a la realidad de todos y de todo. Con absoluta indiferencia fue testigo de cómo crecía a su paso, diariamente, su historia. Fue un soñador que vivió a destiempo, lejos del presente, en una locura cuerda o en una cordura loca... ¿Por qué no?

Lástima que Portocarrero se fuera sin pintarlo sentado sobre la cúpula de la Catedral de La Habana contemplando embelesado la noche habanera. Quizás intentando descubrir el sigiloso camino de las estrellas.

Lástima que Amelia Peláez con sus vitrales dejara escapar su noble estampa. Cuando él siempre estuvo allí. Siempre allí con su capa, siempre allí con su morral lleno de historias pintadas de mil colores, como los vitrales de Amelia.

Él, que fue el último Caballero de apariencia quijotesca, conoció y guardó con celo el hechizo de su amada doncella Habana, y con una pasión que escapaba de la racionalidad se transformó en el más dulce y fiel de sus emisarios.

Custodió todo sus misterios, aun aquellos que rompen la prudencia y estallan en explosiva fantasía. Esos que viven y se esconden en los rincones. Y así sin prisa y en silencio fue tejiendo sus sueños, con los desgastados hilos de colores que llevaba en su morral.

Un día apareció en las calles de El Vedado con barba y capa, pero sin corcel, ni espada. Era un pacífico mosquetero del viejo mundo, perdido y encontrado, en medio de las calles de una temperamental y bullanguera Isla. Increíblemente aquel noble caballero de triste apariencia era una parte real de una ciudad salpicada de poesía y belleza.

Era delgado, de mediana estatura y de tez muy blanca. Tenía una encrespada y rebelde melena que caía de cualquier forma sobre sus hombros.

A pesar de los calores que azotaban a la Isla, se

cubría siempre con una capa, que el tiempo se había encargado de darle un color oscuro indefinido. La pulcritud no era una de sus virtudes. Y su vida errante le permitía obviar la higiene, simplemente no era parte de su personalidad, y no hay más que hablar.

Tenía una barba rala, que crecía intentando llegarle al pecho. Su nariz aguileña centraba la atención de su huesuda cara. Sus pequeñísimos ojos oscuros escudriñaron paso a paso, rincón por rincón, la ciudad. Fue espectador de excelencia de la vida habanera, pero no por eso dejó de ser un personaje mítico, un genuino mosquetero caribeño.

Nunca andaba con rapidez ni urgencia. Nunca se sabía si estaba de ida o de vuelta. Era libre como el aire, o como las olas que van y vienen. Y así libre, solitario y silencioso se fue adentrando poco a poco en el corazón de una ciudad apasionada y bohemia, que le coronó como su caballero andante.

Era la viva estampa de la cortesía y la hidalguía. Jamás pidió limosna. Si alguien le daba alguna, inmediatamente buscaba en su morral (el almacén de todos sus tesoros) y le entregaba, como muestra de agradecimiento, un lápiz adornado por él con hilos de colores. Junto a sus lápices también guardaba estampitas de santos, libros de rezos y papeles con poemas.

Su entorno, nosotros todos, no éramos más que un decorado móvil. Algo como una escenografía para su itinerante vida. Él era indiferente a las cariñosas muestras de cariño que despertaba a su paso, manteniendo con vehemencia su deseo de andar y andar por las calles.

Para llenar el misterio que le rodeaba, la fértil imaginación popular tejió a su alrededor mil y una historias, que nada tenían que envidiar a los cuentos que Scherezada le hacía al Sultán. Así se fue cubriendo su pasado con pintorescas leyendas en un abrir y cerrar de ojos. Nadie podía permanecer sin opinar sobre aquel Caballero de hablar pausado y respetuoso. Eso era mucho pedir en una Isla donde el irreverente «tú» llega hasta al mismísimo Papa.

Nadie podía entender sus expresiones correctas, nunca salidas de tono y su don de gente de bien. Nadie se explicaba cómo vistiendo harapos y comiendo mendrugos de pan nunca pedía limosnas. Nadie podía entender el origen de su fervor religioso. Todo esto eran demasiados cabos sueltos, demasiadas preguntas sin respuestas, para un pueblo curioso e intuitivo.

La primera vez que le vi estaba parado en la esquina del portal del Ten Cent (Woolworth) de la calle 23 en El Vedado. Salíamos Yeyi y yo de la tienda, cuando lo encontramos solo, ensimismado en sus propios pensamientos, totalmente «impermeable» al bullicio en la parada de las guaguas. En sus manos sostenía un librito viejo y «desvencijado» con páginas amarillentas. La gente pasaba constantemente a su lado. Algunos le saludaban dedicándole una cariñosa sonrisa. Otros, los menos, apenas si reparaban en él, quizás por considerarlo parte de la pintura costumbrista de La Habana.

Nuestro primer encuentro fue emocionante. Nunca había oído hablar de él, al menos no recordaba. De manera que la imagen que tuve frente a mí fue la de un personaje de capa sin espada salido de un libro de cuento... ¡Y en el mismo medio de El Vedado!, ¡En la esquina del Ten Cent! Se parecía al flautista de Hamelin, aunque algo más viejo y bajito. Pero.. ¿El flautista de Hamelin en La Habana? Bueno, ¿y la flauta ?... Nos acercamos a él y Yeyi lo saludó dulcemente y con respeto. El sacó una estampita religiosa del Niño Jesús para mí. Yo que siempre hablaba hasta por los codos sólo lo miraba extasiada, no pude articular palabra. Estaba hechizada, y curiosa hasta la exageración, no quería perderme ni un solo detalle de nada. Él nos dijo algo muy bajito que no entendí. De pronto sorprendentemente, entre sus bigotes y barbas, apareció una semisonrisa, que desapareció al oír el jaleo que se traía cerquita de nosotros «el hombre del periquito».

Y fue que aprovechando la expectación que generaba el Caballero de París en el portal del Ten Cent, llegó un hombrecito y colocó rápidamente un tablero. Sobre el tablero puso unos papelitos doblados y un «periquito» verde atado con una cadenita a una pata. Enseguida comenzó a llamar la atención de todos, explicando que el pajarito era milagroso y con su piquito descubría entre los papeles «lo que le deparaba el porvenir» a cada uno de los presentes. El astuto hombrecito «reciclaba el futuro» en los papeles según cambiaban los espectadores. Y así fue como aquella tarde el interés público saltó del ilustre aristócrata al plebeyo periquito adivinador.

No fue este nuestro único momento de cercanía. Ya corría el rumor en el barrio que el Caballero en sus improvisados descansos pasaba algunas noches durmiendo en el portal de la casa en 6 y 25. Ni antes ni después, aquellos sillones mecieron un fondillo tan distinguido.

Una mañana muy tempranito Nina que según mi padre, además de ser cocinera era «inspectora colegiada de Obras Públicas», descubrió al mismísimo Caballero, en cuerpo y alma dormitando en portal. Para matizar un poco el suceso, justo es decir que Nina era una ferviente creyente, muy impresionable y con un desmedido alboroto a flor de piel, que la hacía siempre «prender de medio maniguetazo». Contaba ella que al ver al Caballero en el sillón, se «erizó de pies a cabeza», convencida de estar ante una aparición divina y no pudo contener los gritos de «¡Alabaoooo!», «¡Ave María Purísima!», «¡Misericordia Santa Bárbara Bendita!»... Ante aquella exaltación religiosa que no tenía para cuando acabar, nos despertamos todos con un susto mayúsculo convencidos que estábamos ante el fin del mundo. Luego supimos que el pobre Caballero horrorizado «metió un brinco» del sillón que cayó en el medio del portal.

Pasados los primeros instantes de susto y confusión, Nina recuperó su compostura al comprobar que el huésped en cuestión era el noble y reposado Caballero de París. En segundos la «pelotera» armada por Nina se disipó. Y la tensión fue zanjada con disculpas, reverencias, sonrisas y sobre todo con un humeante jarrito de café con leche y pan con mantequilla. Pero aún hubo más, más excusas y más café con leche y pan con mantequilla... No hay ofensa en la vida que un jarrito de café con leche calientico no logre resolver. Eso deberían saberlo los diplomáticos.

Al despedirse de Nina, el Caballero le entregó una postalita de Santa Bárbara. Ella con ojos llorosos y una pose muy al estilo de Minín Bujones (en la novela Estrellita) se recostó en la baranda y lo estuvo bendiciendo hasta que dobló la esquina.

El tiempo nunca podrá borrar la imagen esparcida en mil recuerdos que los habaneros guardamos de aquel Caballero. Ese personaje enviado por Dios para enriquecer con sus coloridas leyendas nuestra inolvidable Habana.

La Marquesa

No sé si había otra figura femenina de tanta alcurnia entre la aristocracia callejera de La Habana como ella, pero La Marquesa sin duda engalanaba y enaltecía con su presencia la más rancia nobleza en El Vedado.

La vi por primera vez en la terraza de El Carmelo de Calzada (frente al teatro Auditórium) en El Vedado. Allí estaba bajo el toldo de la entrada, parada en el rellano de la escalera, muy limpia y acicalada. Llevaba sobre su cabeza un diminuto sombrerito azul con redecilla de tul que ocultaba sus ojos, pero no su amplísima sonrisa. Su vestido de tafetán con paradera era también de color azul, a juego con el sombrero y los guantes. Entre sus manos tenía una carterita de brillo donde ponía las monedas que la gente le daba. Saludaba sonriendo con elegancia y distinción a todos los que pasaban por su lado.

Aquella tarde en particular Lolita mi madrina, le dio un dinero diciéndole con delicadeza: «Para usted Marquesa, para que compre un helado». Ella cogió sin apuro alguno el peso y sin dejar de sonreír ni perder su refinamiento, agradeció con una ligera reverencia y se marchó a otra mesa. No recuerdo que pidiera limosna pero siempre recibía de la gente alguna moneda además del saludo.

La vi muchos años después cuando estudiaba en el Pre del Vedado. Ya en aquellos años su pelo había dejado de ser negro para convertirse en azul como su sombrerito.

Caminaba dentro del salón de la Cafetería del Carmelo de la calle 23. Algo que le estaba prohibido, pero que los camareros en complicidad con los clientes permitían. Así iba pausadamente y con elegancia La Marquesa, saludando, sonriendo y recogiendo además de afecto, alguna que otra monedita oportuna. Eso sí, siempre con refinados modales y sin perder jamás el caché propio de su alcurnia.

EL conductor de guagua

Estampa costumbrista

En el mosaico de figuras populares habaneras no puede faltar el guagüero. Ese peculiar personaje simpático y «confianzú» que tenía la responsabilidad de cobrar a los pasajeros el importe del viaje en ómnibus. Vestía camisa blanca de mangas largas, gorra azul oscura y pantalón de un color impreciso, que iba entre el azul fuerte al «morao veteao». Era el conductor-administrador, asistente del chofer, dueño y señor del pasillo de la guagua. Su responsabilidad era que todo el que subiera a la guagua pagara, por eso con absoluto controlaba la subida y bajada de los «guaguícolas».

El panorama se complicaba a la hora pico, momento de mayor movimiento de personal en el transporte público. Entonces, en cada parada de guagua se aglomeraba un «bola de gente». Esto hacía que al abrirse la puerta en las paradas un tumulto de piernas, brazos, cabezas, cartuchos y jabas impidiera que la puerta cerrara.

Para evitar que alguien se hiciera el chivo loco, y por si las moscas, se desplazaba de extremo a extremo del pasillo, aún estando repleto. Cuando después de subir un grupo en una parada no le llegaba «el guano» el conductor lanzaba su grito de guerra:

— ¡Caballero vamo a circular, que no veo el pasaje correr ¡Vamoa ver caballero. Vamoa cooperar mi gente! Vamoa ver mi familia. Vamoa pasar el nickel, vamo ayudar ahí». Intercalando su habitual: ¡Pasito alante varón!.

Y así entre chistes iba agitando a los viajeros para que soltaran el «níquel» que guardaba en una especie de cartuchera (parecida a las «riñoneras» actuales) que le colgaba del cinto y tenía divisiones para todo tipo monedas.

El nudo humano se apretaba cada vez más y más y empezaba «el jelengue». Saltaban los aretes, los botones de las camisas, se partían los collares de perlas plásticas, las plumas salían de los bolsillos. Las billeteras a veces salían pero generalmente ayudadas por alguna mano amiga... de lo ajeno, que ligera aprovechaba aquel «desmoñe».

Recuerdo un señor a quien en la empujadera se le perdieron los espejuelos y lo que formó fue la gran «cagástrofe». Encontrar aquellos espejuelos parecía misión imposible. Era hacer un viaje al centro de la Tierra buceando entre tantos pies, manos, paquetes y misceláneas. Pero el corpulento dueño de los espejuelos dio un ultimátum a todos los viajeros:

— ¡Caballeroooo... si no aparecen mis espejuelos de aquí no se apea nadie! ¡Ni tinto en sangre ni envuelto en teipe! Así que a buscar tó el mundo.

44

No creo necesario aclarar que aparecieron de inmediato.

Tuve una experiencia muchos años después en la ruta 79, de la de la Víbora a Miramar. Salía de la consulta que daba en Higiene Mental y me monté en una guagua tan llena que no cabía ni una guasasa a dieta. Al bajarme llegué a la acera sin un zapato. Naturalmente mis reclamos por el zapato no se oían con tanta bulla. Ya se iba la guagua cuando desde una ventana un buen criollo me gritó: «¡Oye! Agarra mi niña, se te quedó el «taco» Cenicienta», y por una ventanilla sacó su mano con mi sueco «colorao» en la punta.

La realidad es que un chofer después de haber manejado una guagua «desbordá» de gente podía manejar cualquier cosa por aire, mar o tierra. Allí sí que se sudaba la gota gorda. Lo mismo llevaban el codo de un pasajero «clavao» en la oreja, que un niño tomando granizado y rociándole la mitad sobre su camisa blanca almidonada. Encima de todo esto soportar de vez en cuando un peito revoltoso de origen desconocido.

Y es que en una guagua había de todo. Desde el chofer narcisista, el «postalita», estilo Jorge Negrete con bigotico y todo. Que se echaba medio pomo de brillantina en la cabeza, y se miraba en el espejo en cada parada. O el chulampín que se las daba de «lindoro» conquistador, y que llevaba sentada detrás a una amiguita cariñosa y todo el viaje

45

iba mirándola con cara de carnero «degollao». O el chofer buena gente, que recogía los parientes y los acercaba a su destino, y hasta hacía los mandados de la bodega y la tintorería. Este era el «mundial» porque además «rapidito» bajaba a tomarse una tacita de café, «pá echarle gasolina al carro». Luego cuando comprobaba que iba atrasado pisaba el acelerador, llevándose por delante todas las paradas. Corría más que Fangio, iba a la velocidad de un tiro. Y es que el guagüero era un personaje con amplio registro que daba para mucho.

En Cuba «el menudo» (nombre de pila de las monedas) tenía también sus nombres propios, que aún hoy decimos «sin querer, queriendo» cuando se nos sale el refajo de cubanos. Al centavo le llamábamos «kilo». El más famoso era el «kilo prieto», ese de color cobrizo. Siguiendo en orden ascendente le seguía el «medio» o «níquel», que equivalía a cinco centavos. La moneda pequeñita de diez centavos era el «real». La peseta era la moneda de veinte centavos. El medio peso era una de cincuenta centavos y el peso plata era obviamente una moneda de un peso pero eso sí... era de plata.

El conductor llevaba en la cartuchera junto a las monedas, el talonario de la transferencia y el trasbordo. Documentación imprescindible para el pasajero que quería cambiar de rumbo y necesitaba otra ruta de guagua diferente.

En caso de que rompiera la guagua, todos los viajeros tenían que coger el «trasbordo», evitando así tener que volver a pagar el pasaje, gracias a esa famosa transferencia.

Para avisar al chofer en qué parada quería uno bajarse, el pasajero tiraba de un cable que iba de extremo a extremo en la parte superior de la guagua. Algunas guaguas tenían un timbre en el marco de la puerta de atrás. Pero muchas veces no funcionaba ni el cable, ni el timbre, o el chofer iba «volando bajito», porque estaba atrasado. Entonces nuestro superguagüero «se comía» las paradas llevando a la gente muchas más cuadras adelante, causando un verdadero trastorno.

Ahí brotaba con ardor la molestia de los viajeros que dominados por un monumental encabronamiento gritaban cualquier género de cosas... y en el más angelical de los casos se oía:

—¡Oyeeee!... Chicooo coño... ¿qué pasa mi socio?... ¿Estás comiendo de la que tira el pollo?

Después de las doce de la noche el servicio de guaguas no tenía un horario regular hasta las seis de la mañana. Era el momento de la archifamosa «confronta», cuando las guaguas pasaban cada una hora. Por lo general iba la guagua vacía, solo con el chofer y apenas llevaba uno o dos pasajeros dormitando o borrachos.

Según mi brillante tío Pepe, llegó a ser tan popular la confronta que familias enteras se mudaron de un extremo a otro de la ciudad aprovechando que las guaguas iban vacías.

En esas mudanzas la gente cargaba con cuanto

chirimbolo y cachivache tuvieran, desde el pim-pampum, la matica de malanga, la jaula del cana-rio, hasta el tibor de la abuela. El chofer esperaba fumando sin prisa y ellos cargaban con todos los bártulos. Subían y bajaban hasta atiborrar con todo tipo de cacharros la guagua. Una vez llegaban a su destino bendecían y agradecían al chofer por su buen corazón, no sin antes darle un papelito con la dirección exacta de la nueva casa, «por si algún día quería tomarse un buchito de café recién colado...». Y así al final estas mudadas que se hacían a veces de punta a punta de la ciudad terminaban en una gran amistad gracias al buen corazón de los chofe-res de la confronta.

Mazzantini, el torero

Entre los personajes que hicieron historia en La Habana y llegaron a formar parte de nuestra cultura popular está Luis Mazantini Eguía, el famoso torero español. Llegó a Cuba en 1886 y fascinó al público con magníficos espectáculos taurinos. Era un hombre culto, amante del teatro, la ópera y las tertulias literarias. Muy preocupado por su aspecto personal creó su propia marca de ropa y de cigarrillos con su nombre. Fue más conocido por «Mazantín» y poco a poco se convirtió en el centro de todas las reuniones sociales de los cubanos de la época

Era también un gran seductor. Su estancia en La Habana coincidió con la presencia de la famosa actriz francesa Sarah Bernhardt, que por aquel entonces regresaba de unas presentaciones en Sudamérica. Cuentan que el flechazo entre ambos fue instantáneo y que a partir de ese momento se entregaron a una pasión irrefrenable, viviendo por largos meses un apasionado romance en Cuba.

En 1905 muere la esposa española de Mazantín en Madrid, y el torero en señal de duelo decide cortarse la coleta y abandonar los ruedos. A partir de entonces inicia una triunfante carrera política llegando a ser a ser concejal en la ciudad de Madrid y más tarde gobernador. Fue un hombre que alcanzó todo lo que se propuso, tanto en lo personal como en lo profesional. En su honor los cubanos cuando están ante algo que no tiene solución posible, dicen el refrán: «Eso no lo resuelve ni Mazantín el torero».

El globo de Matías Pérez

A nadie debe sorprender que en Cuba tengamos material más que suficiente para hacer dieciocho libros Guinness, y «cuidao» lleguemos a los veinte. Porque en eso de contar historias raras-rarísimas los cubanos le damos «tubo y raya» a cualquiera. Ahí sí que, «sin desdorar los presentes», los cubanos bateamos de jonrón, botamos la pelota y cerramos el juego siendo campeones.

La tenacidad y la pasión del portugués Matías Pérez por volar en un globo aerostático debió haber sido recogido en los Records Guinness. Fue una de nuestras más pintorescas celebridades. Un hombre digno y de buena familia con grandes inquietudes, en la casi embrionaria ciencia de los vuelos de aparatos mecánicos. Matías soñaba con ser el precursor de la aeronáutica en Cuba. ¡Sí señor! No obstante tuvo tres personas le antecedieron, según datos históricos.

El primer globo en Cuba lo voló un francés de nombre Robertson en el año 1796. Robertson se subió a un rudimentario globo en el Templete en la Plaza de Armas y voló con el pelo suelto y con gran alegría, para caer poco después en Managua en potrero de caballos nada glamouroso. El segundo intento lo hizo una mujer. Virginia Marotte, americana de origen francés. Su espíritu aventurero terminó en un aterrizaje forzoso en una tenería, con ella más sucia que asustada. En 1831 el habanero Domingo Blinó tuvo su propio globo *home made*. Él mismo lo construyó. Cuentan que era un tipo genial y que llenó su globo de gas llevándolo hasta la Plaza de toros del Campo de Marte. Allí Blinó subió lleno de optimismo y voló. Se mantuvo varias horas volando hasta que finalmente lo encontraron todo maltrecho cerca del Mariel.

Pero la historia de Matías Pérez fue diferente. Había hecho ya tres intentos infructuosos en el año 1856. La primera vez se le desinfló el globo y llegó hasta el Cerro. La segunda y tercera vez hubo mal tiempo y no pudo subir. Finalmente en junio del mismo 1856 lo intentó por cuarta vez. Nuestro intrépido y temerario Matías Pérez volvía a la carga.

En esta cuarta oportunidad su globo fue un regalo de su amigo el astronauta francés Godard y tenía el nombre de «La Villa de París». Matías Pérez subió a la cesta en medio de aplausos y vítores de familiares, amigos y curiosos habaneros. La cesta estaba preparada para su único tripulante con cintas y lazos propios de la hazaña histórica. Cuentan que nuestro héroe saludaba muy atento y emocionado a diestra y siniestra, mientras esperaba sonriente que aquel gigantesco globo terminara de llenarse de gas.

Estuvo todo el tiempo arropado por la flor y nata de la más rancia sociedad habanera. Contó con la presencia de célebres políticos, distinguidas personalidades del arte, la ciencia, la economía y las comunicaciones y naturalmente también estuvo el cura de la ciudad. El padre cura, crucifijo en mano, rezó con fe y bendijo cada rincón de la cesta y por supuesto al aeronauta.

Matías con elegancia cubrió su cabeza con un bombín, sombrero que estrenaba para la ocasión. Sin prisa empezó a soltar las bolsitas de arena puestas alrededor de la cesta para hacerle contrapeso. Y fue así como bolsita a bolsita fue dejando atrás la emocionada y noble tierra habanera. Y Matías Pérez se fue elevando en su enorme globo.

Al contemplar tal proeza las elegantísimas señoras, que para la ocasión llevaban vistosos trajes en combinación con sus sombrillas, sacudían sus pañuelitos de encaje blanco. El espectáculo era precioso, parecían palomas en vuelo, animando al valiente en su ascenso. En el grupo, alguna que otra damita enternecida enjugaba a escondidas una tímida lagrimita en virtud de la emoción del momento. Los señores por su parte, mucho más sobrios y ecuánimes en medio de la algarabía del momento, despedían al viajero con sus sombreros en alto. Entre todos solo el cura, crucifijo en mano, continuaba rezando y rezando.

Matías Pérez convencido y orgulloso de su trascendencia histórica iba separándose cada vez más de la tierra sin dejar de sonreír. Con una mano se atusaba el bigote y con la otra se agarraba el ala del sombrero. Mientras, el cura en tierra firme rezaba y rezaba, Matías seguía subiendo y subiendo. El cura seguía rezando y Matías Pérez seguía su subiendo. El cura rezando y Matías subiendo. El cura rezando y Matías Pérez subiendo y subiendo y subiendooooooo... hasta que se perdió completamente en el horizonte.

El cura murió diez años después, dicen que todavía rezando con la misma fe y el mismo crucifijo. De Matías Pérez aún seguimos sin noticias.

Cuentan que en su interminable viaje fue seducido por un travieso angelito, y que Matías, de *motu proprio* decidió quedarse vagando en el cielo *per secula seculorum*. Pero ya esa es otra historia...

Lo cierto fue que el cubano con su poder imaginativo, que lo mismo «te monta un velorio que un homenaje», certificó a partir de ese episodio que todo lo inconcluso, todo lo que desaparece sin explicación, sin conocerse a dónde fue a parar... «¡Eso voló como Matías Pérez!».

6 y 25 en El Vedado

La infancia tiene el sonido de la vida,
y comienza allí donde habita la alegría,
donde crecen y se desbordan las fantasías

Rodeada de un césped siempre verde, gracias al cuidado de Jacinto, entre jazmines y rositas miniaturas se iniciaba la mañana en la casa de 6 y 25.

Mis padres decidieron mudarse antes de yo nacer a una típica casona en El Vedado, con todos los atributos de la zona y de la época. Estaba situada entre dos calles, la calle 6 y la calle 25, por lo que resultaba ser una casa con forma de L, una casa-esquina. La recuerdo muy luminosa con infinidad de ventanas con visillos de «dos alas» por donde entraba sin permiso alegremente el sol.

Un domingo de noviembre la cigüeña interrumpió el habitual juego de cartas en mi casa, avisando mi inminente llegada. Así fue como en el año del tigre con una involuntaria demora aterrizaba una escorpiona pelona, en El Vedado. Todos coincidieron en que no fui lo que se dice un bebé lindo, de esos que anuncian compotas Gerber. Era pelona, colorá y de ojos tan grandes como los de un sijú platanero. La suerte para mí fue que al salir de la clínica, con apenas pocas horas de nacida, caí bajo la protección y el amor maternal de Yeyi, mi tata, mi manejadora.

Ella era quien siempre le ponía el nombre a todas las mascotas en la casa y yo no fui la excepción. Después de echarme una primera y definitiva ojeada decidió llamarme Chelo, para suavizar la cosa. Y desde entonces, con esa patente de corso, he navegado lo mismo por océanos que por charquitos revueltos.

A partir de ese primer encuentro entre nosotras todo estuvo preparado por Dios para que empezáramos a compartir la vida juntas, hasta la etapa terrible del exilio.

Con ella y su recuerdo está tejida mi vida en El Vedado, en La Habana, en mi Cuba. Ella es mi niñez, estuvo durante toda en mi adolescencia y hasta en los primeros años de vida de mi hijo. El título de este libro es una de sus frases preferidas que ella siempre decía al empezar o terminar sus historias, cuando con su sabiduría resumía de un plumazo el tiempo vivido y nunca olvidado.

Desde el jardín

Soplan vientos de recuerdos

La casa de 6 y 25 tenía dos puntos focales indiscutibles: el jardín que rodeaba la casa y el portal que estaba lleno de sillones mecedores de rejilla. Entre el portal y el jardín había un caminito cementado que iba desde la entrada principal al portal, bordeaba toda la casa y llegaba hasta la escalera de la cocina, desviándose después hacia la «reja del fondo».

El jardín era un lugar tranquilo y silencioso, salpicado de setos de flores. Cada rincón, cada mata, cada rosa estaba lleno de encanto y de diminutas cotorritas rojas de lunares negros. Fue mi rincón preferido y mi ventana al mundo. En realidad fue mi mundo durante los primeros años de mi vida. Un mundo repleto de fantasías y de colores, un lugar que se convirtió en el crisol de mis sueños.

Al igual que el portal, el jardín tenía una parte que daba a la calle 6 y otra a la calle 25. De la acera lo separaba un ancho muro con rejas en forma de lanzas que terminaban en dos entradas por ambas calles. La entrada principal, era por la calle 6, desde la acera salía una senda, sembrada a ambos lados por de matas de embelesos que acompañaban al caminante hasta los escalones que terminaban en el portal. La segunda entrada era por la calle 25. El caminito llegaba hasta la escalera de la cocina, escoltado por setos de galán de noche y platanillos. Fui la última en integrarme a la «liga de menores» de la casa. Al principio no sentí la ausencia de hermanos por la presencia de Manchita y Tula. Ambas aunque con temperamentos y apariencias muy diferentes, eran el origen de inagotables misterios y sorpresas. Eran el ying y el yang, y fueron las perfectas compañeras de aventuras durante mis primeros años.

Mi relación era mucho más cercana con Manchita porque era más extrovertida. Tenía poco más o menos mi tamaño y era absolutamente incansable en el juego. Francamente me dedicaba más tiempo de calidad, por lo que yo pasé a ser siempre su juguete preferido.

Ella era una fox terrier sata, que fue rescatada por mi padre en los alrededores de la escalinata de la Universidad de La Habana, cerquita de la estatua del Alma Mater. El rescate se produjo en momentos en que era asediada por unos libidinosos perros callejeros «con malas intenciones». Naturalmente que el provenir de un ámbito intelectual de tan alto nivel como la Universidad de La Habana no pasó inadvertido para ella. Siempre con una displicente mirada, mantenía a raya, con «distancia y categoría», al resto de los perros del barrio. Su indiscutible origen académico le valió ser conocida entre los vecinos como: «Manchita la perra catedrática».

Tula era harina de otro costal. Mucho menos comunicativa que Manchita. Era introvertida, totalmente inexpresiva. Parecía arrastrar traumas desde su más tierna infancia, probablemente conflictos edípicos aún no resueltos. Con su andar lento y su actitud indiferente siempre se mantuvo lejos del mundanal ruido. La realidad circundante le era algo totalmente antiflogitínico. Tula venía de una extracción social menos culta que Manchita. Mi padre que era el abastecedor honorario de mascotas, entre las que dignamente me incluyo, fue quien la compró a unos fiñes en la orilla del Puente Almendares por 20 kilos (centavos). Quizás ahí se originó la crisis de identidad en la que vivió toda su vida sumergida aquella jicotea esquizoide.

Mi padre al comprobar el carácter retraído de Tula, le pidió a Ramón que le construyera una diminuta piscina de azulejos en el patio. Así fue como Tula tuvo su particular nido acuático. En realidad fue una jicotea que navegó con suerte. Su presencia en aquel mini estanque azul creó expectación al inicio. Semanas después todos por los alrededores comentaban que ya El Vedado tenía su exclusiva Esther Willlams en 6 y 25.

Cada mañana invadíamos el jardín en tropel. Salíamos todas por la puerta de atrás, la puerta de

la cocina, entre risas y ladridos. Bajábamos los pocos escalones que separaban la cocina del patio en
una arrolladora combinación de patas, boticas,
manos, cabezas con lazos, cabezas sin lazos... todos juntos y revueltos. Así de repente en alud
transformábamos aquel bucólico y silencioso lugar
en un improvisado parque de diversiones. Escenario natural para el «corretaje» de Manchita, que
era la viva estampa de la felicidad. Corría de un
lado a otro, tratando de oler las mariposas amarillas. Otras veces desplegaba sus habilidades detec-
tivescas de búsqueda y captura de las lagartijas. A
estos efectos se metía entre las ramas empapadas
de rocío, mientras las maromeras lagartijas saltaban de mata en mata, evadiendo nuestra Sherlock
Holmes criolla.

Haciéndole justicia a Manchita hay que reco-
nocerle una cierta vehemencia por lo estrafalario.
Prueba de esa atracción era su devoción por un ca-
rricoche con cascabeles, tirado por un mulo, que
pasaba a veces frente a la casa con toda la lentitud
del mundo. En esos instantes el apocalipsis se
apropiaba del jardín. Manchita enloquecía, convirtiéndose en un arma de destrucción masiva de los
canteros de flores. Corría, saltaba y ladraba todo a
la vez. Era una perra orquesta, un *all included*. Pero
cuando ya no quedaba ni el más mínimo rastro del
carretón por los alrededores y luego de mil llamadas al orden de Jacinto, volvía a la tranquilidad.

Entonces jadeante y arrepentida se acercaba a Jacinto para a arreglar sus culpas y darle «un quiero», a lengüetazo vivo.

Mientras todo ese zafarrancho matutino ocurría, Yeyi no perdía la compostura y con una calma extraterrenal llamaba a la cordura a Manchita que seguía borracha de alegría y «entripada» en agua. A Yeyi le costaba un enorme esfuerzo poner orden porque su voz no alcanzaba nunca los tonos altos. Creo que era la única cubana que no sabía gritar. Ella era la paz personificada y emanaba tranquilidad, cosa que entendíamos todos menos Manchita. Con su dulce serenidad y su andar pausado, aquel ambiente de arrebato no era precisamente su mejor escenario. Siempre con sus tenis blanquísimos y su uniforme almidonado y pulquérrimo, ella era el hilo conductor que trataba de armonizar aquella explosión de locura mañanera.

Yo por mi parte, o más bien lo que quedaba de mí, llegaba medio mustia al jardín. Sobre todo después de sufrir toda suerte de vejaciones como era lavarme los dientes, lavarme la cara, peinarme y otros menesteres impúdicos, desde todo punto de vista humillantes. No obstante, al llegar al jardín encontraba la más absoluta y envolvente independencia, aunque solo fuera por poco tiempo.

Ni los súbitos impulsos de Manchita corriendo detrás de las lagartijas, ni la indiferencia de Tula limitaron mis «relaciones sociales» en el jardín. Allí oculto en lo más intrincado de los marpacíficos y margaritas siempre estuvieron mis amigos Teo y Lulo. Nunca los vi, pero eso era intrascendente e innecesario. Yo sabía que estaban siempre allí. Eran duendes y como son todos los duendes, eran como los del *El Tesoro de la Juventud*: chiquiticos y cabezones, supongo. Sólo ellos conocían mis intimidades al dedillo. Sabían que diariamente botaba las horrorosas pastillas con sabor a naranja de vitaminas que me daban. Sólo ellos supieron que fui yo la causante de la misteriosa «tupición» del lavamanos del baño, al escapárseme por el tragante la manilla de platino y brillantes que me regaló mi abuela Anastasia en mi cumpleaños. De niño es normal que la fantasía alcance a crear amigos imaginarios y que se produzcan con ellos largas conversaciones e intricadas aventuras.

Así que con los cambios que se avecinaban peligraban nuestros secretos. Como realmente ocurrió tiempo después, cuando aquel enigmático don que creí tener se desinfló un día sin que nada me hiciera presagiar un cambio. Desaparecieron mis duendes. Creo que se mudaron. Seguramente se fueron al encuentro de otra niña que jugaba sola en su jardín.

Ser hija única me dio luz verde para apreciar el sonido del silencio y en el jardín aprendí a disfrutarlo a ratos. También allí aprendí con Yeyi y su novio Jacinto el jardinero, a trasplantar geranios, a cortar príncipes negro sin pincharme con sus espinas y a lograr finalmente caminar sobre el césped húmedo de rocío sin enfangarme. Esto, luego de haberme embarrado hasta las orejas de fango miles de veces.

Yeyi y Jacinto me enseñaron que existían los milagros y que hay que aceptarlos sin preguntarnos el por qué. Con ellos también aprendí a cantar, y llegué a tener un repertorio digno de la mejor vitrola del peor bar de mala muerte. Cantaba canciones corta-venas de aquellos años como *Lágrimas Negras*, *Están clavadas dos cruces*... Temas nada apropiados para una niña de tres o cuatro años. La suerte era que al yo cantarlas las desfiguraba tanto, en letra y música, que resultaban totalmente irreconocibles, para tranquilidad de Yeyi y Jacinto y desconcierto mío.

El portal

El amplio portal estaba a tres escalones del jardín. Una gran baranda con columnas lo rodeaban dándole un toque especial. La baranda era la típica de las casas de El Vedado. Pero en mi casa tenía un atractivo añadido: era una fuente de diversión para mí.

En un abrir y cerrar de ojos me encaramaba en la verja, intentando ver el mundo a distancia y desde las alturas... Y era desde ahí, de donde me bajaba Yeyi «en un dos por tres», para evitar la habitual estrepitosa caída. Pero además la baranda simbolizaba la frontera entre la «civilización», léase: el orden, los límites, las normas y el «neolítico». Mi mundo preferido de la «agricultura, ganadería y la alfarería», donde tenía libertad casi absoluta de «crear» con flores, fango, hierbas y con mis compañeras de aventuras inseparables: Manchita y Tula.

Como todo portal que se respetara en El Vedado, el de mi casa tenía como personajes protagónicos a los emblemáticos sillones de rejillas. Esos de espaldar alto y brazos de madera a los lados. Su diseño era sencillo y cómodo. El asiento era también de rejilla para que corriera el fresco y aireara las partes más calurosas de los fogosos habaneros. Aquellos sillones fueron precursores del concepto «multiuso». Porque lo mismo servían para socializar saboreando una taza de café, que para leer el periódico plácidamente, que para «tirar un pestañazo en la hora del chipojo», o para pensar en el cuento de la buena pipa con la complicidad de la brisita del mediodía.

¡Ah...!, y también se usaban para enamorar. Recuerdo aquello de «Pancho rompió seis sillones de novio con Maritza y total, al fin y al cabo la dejó. Ella se casó con Eusebio y al mes le parió un par de jimaguas».

Con el tiempo y un ganchito, los sillones se volvían musicales. Si señores chillaban. Yeyi decía que a los sillones, como a los humanos, se le «aflojaban las tuercas y los tornillos». Para arreglar los conciertos de chillidos venía Ramón a la casa. Él era algo así como Mandrake el mago, todo lo resolvía. Ajustaba lo ajustable y pegaba lo pegable, dejándolo todo nuevecito de paquete.

Las ventanas de la sala abrían hacia el portal, también la de mi cuarto. Por eso en víspera del seis de enero siendo muy chica, oí el «tropelaje» que formaron Los Reyes Magos para poner el columpio de madera justo frente a mi ventana. ¿Cómo pudieron cargar con algo de ese tamaño en los camellos? Nunca lo entendí. A pesar de que Yeyi aseguraba que eran fuertes porque comían espinacas como Popeye. De cualquier forma aquel columpio de madera con piso y asientos de doble listones, sólo lo usaba de vez en cuando.

Esa víspera de Reyes fue intensa. Recuerdo que con los ruidos de «los camellos» abrí los ojos y al mirar al techo vi que desde la lámpara colgaban cuatro largas bandas que se proyectaban sobre mi cama. En la penumbra de la noche estaba convencida que lo que había sobre mi eran las patas de una enorme araña. El susto fue mayúsculo. No me moví en toda la noche hasta que Yeyi despertó. Al amanecer descubrí que aquellas «patas de araña» eran unas ristras de «chambelonas» que Los Reyes, originalmente (¿?), pusieron en la lámpara de techo de mi cuarto… ¡Bendita víspera de Reyes!

El patio de mi casa es particular…

En la casa había un pequeño patio interior al que se llegaba desde el despacho, donde estaba el teléfono. En ese patio habían macetas con matas de «malanguitas» y helechos. Las matas compartían además espacio con la mesa con los pececitos que me regaló mi tía Lidia en una redonda y transparente pecera. Yeyi les cambiaba el agua casi todos los días con una técnica insuperable. Cogía a los peces con un colador de cocina y los pasaba a un jarro con agua de la pila mientras lavaba la pecera. Luego los regresaba a su «casa limpia y bonita». Eran cuatro peces, dos anaranjados y dos de listas blanqui-negro, gordos y redondos. Uno desapareció de la noche a la mañana. Las malas lenguas aseguraban que había sido la gata Princesa. Una gata barcina de vida alegre y oscuro pasado que paseaba por los tejados de la cuadra y vivía en la casa de Estilita, la maestra jubilada que me enseñó a recitar *Los Dos Príncipes*.

Encima del patio interior, en el alero del techo, descubrió Nina un día que unas palomas estaban haciendo un nido. Desde ese momento fue tema de conversación obligado y motivo de ardua vigilancia colectiva. Todos estábamos pendiente de si venían o no la paloma o el palomo a chequear el nido. Hasta que un día dejaron de venir los dos. Nina «la exploradora» decidió entonces subirse a una escalera. Comprobó personalmente que el nido había sido abandonado incluso con huevitos. En plena investigación se le cayó un huevo que se rompió en el piso. Increíble fue lo que salió de aquel inofensivo y blanco huevecillo. Aquello fue dramático ...¡¡Fo!!. ¡Se acabó el mundo Mañengo! La pestilencia que se desató fue como una onda expansiva que invadió el lugar y no dio tiempo a nada.

El tufo se pegó de mala manera al piso, a pesar de que Nina trapeara y trapeara, llegando a gastar hasta cinco pomos enteros de creolina. Aquella peste no se quitaba. La «cosa» llegó a tal grado que aún yo estando a cuatro metros del suceso me gané un baño completo de pies a cabeza. La otra infortunada que fue premiada con un baño a destiempo fue Manchita, que por chismosa se embarró. La pobre perra salió corriendo como una exhalación, cuando imaginó el baño en su futuro inmediato, pero Nina fue más rápida frustrando su inminente escapada.

Yeyi

Las personas entran y salen de nuestras vidas. Pero las que logran entrar en nuestros corazones, se quedan allí para siempre.

Los cinco primeros años de vida de un niño son fundamentales en la edificación de su personalidad. Delia era mi tata, mi «manejadora» y le llamé Yeyi en un intercambio espontáneo de apodos. Ella era la esencia de la bondad y era así simplemente así, como son las personas buenas: buenas y más ná.

Juntas compartimos vida e incluso el cuarto desde que llegué a la casa recién nacida. Ella dormía al lado de mi cuna pendiente de mi. Dormía en una camita que en la mañana se transformaba en un sofá cuando lo decoraban con una sobrecama especial y tres cojines de adornos.

Siempre estaba impecablemente vestida, con un grato olor a limpio y peinada con sus «carreritas». Esas trencitas tan de moda hoy día que se entretejen en la cabeza unas con otras. Ella había venido a La Habana de Las Villas, unos años después que lo hicieran mi abuela materna y mi mamá. Mi mamá había venido a estudiar en la Escuela de Derecho en la Universidad de La Habana.

Yeyi, amante de los animales, resultó ser la salvadora de un gatico siamés recién nacido, que llegó a estar en un estado tan deplorable que hasta la madre lo destetó dándole por muerto. Esa fue la historia de Miñoso un esbozo de gato que llegó a la casa. Era una verdadera «mirringa», con aspecto de tripita gris *pelúa*. Desde el inicio Yeyi lo envolvió en «sus paños» para darle calor. Con extrema delicadeza le daba leche tibia exprimiendo un algodoncito en su boquita a cada rato. Mientras le decía bajito que muy pronto iba a ser un gato grande y lindo.

Ni Florence Natingale hubiera sido tan dedicada. Poco a poco fue «haciéndole estómago» al animalito. Semanas más tarde Miñoso se convirtió en un gato bellísimo, de exposición. De repente descubrimos que tenía unos preciosos ojos azules, que refulgieron como cuentas de cristal. Simultáneamente apareció también en él un apetito feroz. Como se sabía protegido por Yeyi tenía un gran descaro, y no perdonaba ni pellejo de falda, ni cabeza de pescado, ni lagartija verde. Más que un gato se fue transformando en un lince inteligentísimo y enorme.

Todo iba miel sobre hojuelas hasta que un día se despertó en él un irrefrenable e incendiario deseo sexual. Se había convertido ya en un gato grande, «sangandongo», y sintió con intensidad en su cuerpo la ebullición de las hormonas y el urgente llamado del sexo. Se entregó entonces con desenfrenada pasión a la búsqueda de la primera gata en estado de merecer que apareciera... Y aquí vino el gran conflicto sobre su sexualidad: el tamaño. Miñoso tenía el cuerpo más corto que el de las gatas del vecindario. Esto que podría parecer algo intrascendente tuvo unos efectos desbastadores a la hora del romance. Dicho de otra forma, la seducción iba muy bien hasta el momento supremo en que la minina echando humo por las orejas esperaba la consumación del acto. Entonces ella descubría la terrible realidad, nuestro *sex-simbol* gatuno no era capaz de llegarle al punto G, ni al G, ni al C, ni al A. Su pipi quedaba a mitad del camino, a la mitad de la espalda de la ardorosa gata. Con este trágico final el apasionado encuentro amoroso terminaba como un juego de pelota: cero carreras, cero error-grave, el gato quedó en base «ponchao» y con una baja autoestima.

Pero como siempre hay un roto para un «descosío», apareció por el barrio una despistada y melancólica gata rubia, que no se sabe cómo pero supo hacer las delicias de Miñoso. Quizás tuvo un buen entrenamiento previo. Yeyi fue feliz por el logro alcanzado y bautizó a la gata rubia como Victoria. Pocos meses después se aumentó la familia y una mañana en una caja de sombrero vacía aparecieron tres preciosos gaticos grises y amarillos, gorditos y felices.

Otros de los dones naturales de Yeyi era la magia que tenía para las matas, no había gajo que se le resistiera. Tenía unas manos prodigiosas, cuanto matojo raro encontraba y sembraba, por muy «desguabinao» que estuviera, terminaba en una espléndida y rozagante matica. Así ocurrió con los claveles moñudos y con las gardenias. Con sólo un gajito llegó a tener un cantero precioso que era su orgullo.

Recuerdo un día que compré en la esquina de la tienda Flogar, al lado de un cafetín en la parada de guagua, una matica de pensamiento con una preciosa y solitaria flor, con pétalos amarillo y morado.

A todos en la casa les encantó la mata, pero estaban igualmente convencidos de que nunca más volvería a dar flores, que aquella era «una flor de un día», parecido al programa de Pumarejo: «reina por un día». Yeyi desoyendo a los escépticos que decían que era muy difícil de lograra y con su tranquilidad habitual (quizás convencida de su arte innato) la trasplantó a un rinconcito del jardín. Nunca más habló de la mata, pero ella, como quien no quiere las cosas, la chequeaba diariamente. Iba escoltada siempre por sus «heraldos», la corte particular de su reinado de perros y gatos que la acompañaban a donde fuere.

Cuando ya nadie recordaba ni remotamente la mata, el pensamiento floreció. Aquello fue una sorpresa para todos y más que nada un regalo para Yeyi. La pequeñita mata de pensamiento reciprocaba su dedicación regalándole dos lindas flores de pétalos amarillo y negro.

Con la gardenia fue algo por el estilo. En una jardinera vieja que había en el descanso de una ventana del pasillo la sembró. Le puso encima y «boca-abajo» un pomo de cristal vacío de mayonesa Doña Delicias. Aquel nuevo experimento con el «pomo de cabeza» pareció una «ocurrencia loca» de Yeyi, pero como las locuras siempre han formado parte de mi entorno habitual, nunca me he molestado en las cuestionarlas. Así que el nuevo invento siguió allí tranquilo en la ventana. La perseverancia, el amor y que además Dios premia la inocencia, todo junto, hizo que aquella «despetalada» y mustia florecita de gardenia terminara «prendiendo» con fuerzas. Finalmente para regocijo de Yeyi y felicidad de todos, vimos crecer el primer arbusto de gardenias en la casa. Luego ya con más confianza logró multiplicar el éxito y tuvimos muchas espléndidas maticas que florecían y perfumaban el jardín, junto con el galán de noche.

Una de las cosas que más me atrae de las personas son sus voces. Todos tenemos nuestro individual y característico tono de voz. Es decir que todos «sonamos» de alguna manera diferentes. Quizás porque soy miope se me agudizó mi sensibilidad a escuchar y apreciar los sonidos, en particular las voces y sus diferentes timbres. Un tono de voz grave lo disfruto y lo agradezco. Yeyi tenía una voz como susurro, capaz de irradiar sosiego a su alrededor. Sin embargo cantaba de una forma muy melodiosa con gran armonía. Lo mismo entonaba canciones de Celia Cruz que de Miguelito Valdés.

Cuando nos mudamos a Kohly mi padre le compró un silbato, porque siendo la casa muy grande la voz jamás le daba para avisarnos a tiempo que la mesa estaba servida, y cuando llegábamos al comedor, por supuesto, ya la comida estaba requeté-fría.

De niña Yeyi contrajo la cruel poliomielitis. Tuvo una infancia muy triste sin poder caminar allá en la Cañada, en el pequeño pueblo de Santo Domingo, en la provincia de Las Villas.

Contaba que su mamá, Lucía, sufrió mucho al ver que ella no podía jugar como otros niños. Durante muchos meses se movía arrastrándose por el piso. Jugaba sola con sus muñecas hechas de botella y con pelo de soga, debajo de la cama para evitar las burlas y la curiosidad de sus hermanos y de los amiguitos. Años después pudo caminar, pero siempre usando tenis. La suela de goma le ayudaba a afincar mejor el pie al piso y así evitaba resbalarse. Los tenis eran esos de corte bajo y con sólo unos poquitos ojetes. Pero sus piernas quedaron muy delgadas como secuela de la atrofia muscular que deja esa terrible enfermedad. Sus pies también quedaron deformados con la presencia de un empeine muy alto y la ausencia de las últimas falanges de los dedos. Sin embargo su cara se iluminaba al escuchar la música, y no podía resistir oírla sin bailar. Nada ni nadie le impidió jamás disfrutar la música y el baile. Era una magnífica bailadora, y bailaba lo mismo el son, que danzón, que cha cha chá. Ella veía la vida con ritmo y con alegría. Era musical y no concebía la la existencia sin armonía y como buena cubana necesitaba la música para sonreír y disfrutar a «todo tren y a todo trapo».

Decía siempre «el que mucho canta sus penas espanta». Si oía una canción cantaba o tarareaba y bailaba sola o en el mejor de los caso cogía de pareja a Manchita por sus patas delanteras y las dos bailaban rítmicamente al compás de la melodía.

Música Maestro...

Su orquesta preferida era la Aragón, en primer lugar por venir de Cienfuegos, lo que le daba «más sabor» y por eso «sonaba distinta a todas» según ella. No creo que haya nadie más apasionadamente regionalista que los villareños. En realidad Cienfuegos, la llamada la Perla del Sur, era considerada una de las ciudades más grandes y mejor trazadas de Cuba. Famosa por sus anchas y rectas calles, por su arquitectura neoclásica y por su espectacular bahía. En su bahía en aquellos años se celebraban las regatas con cuatro remos y con timonel. Hasta El Bárbaro del Ritmo, el gran Benny Moré, nuestro «sonero mayor», la inmortalizó dedicándole una canción.

En realidad el poder de atracción de la Aragón sobre Yeyi era su amor platónico con el director, el violinista Rafael Lay. Al que describía como un «negrito coloraíto, muy serio».

Por décadas la orquesta Aragón fue la máxima expresión del ritmo popular bailable cubano. Tenía un amplio repertorio de canciones y magníficas interpretaciones, pero el ritmo que llevó como estandarte fue el cha cha chá. Aunque su creador fue el también violinista Enrique Jorrín, sus composiciones eran más escuchadas y conocidas por la Aragón.

Jorrín compuso la sabrosa pieza musical *La Engañadora*, que a Yeyi le encantaba por la historia que contaba. La de una jovencita «salpicona» que caminaba contoneándose por las calles de Prado y Neptuno y paralizaba el tráfico con su movimiento. Dejaba a los hombres «boquiabiertos» suspirando por sus curvas. Un buen día se supo que sus «formas colosales» eran porque usaba relleno. ¿Quién sabe si esta canción premonitoria de los implantes actuales? «¿Me dijiste?...».

Sin embargo el cantante preferido por Yeyi era Barbarito Diez, siempre discreto, muy bien vestido, con su potente y bien timbrada voz, tenía muy bonito repertorio. A veces comentaba con Nina, «que era un poquito tieso», pero no por eso dejó de gustarle nunca. La gente veía en él a un artista respetable, sobrio y dedicado al arte, nunca en «chanchuyos, ni bretes», ni problemas de faldas. El pueblo, siempre fecundo en chistes, corría una ingenua pregunta callejera: «¿Cómo puedes tú meter once personas en una cama? Fácil, Barbarito Diez y su mujer».

Su dúo predilecto fue el de María Teresa Vera y José Hierrezuelo. Aquello de: «que te importa que te ame, si tú no me quieres ya», se lo oí cantar mientras regaba las matas de vicaria blancas (con las que se hacen cocimiento para la conjuntivitis). Yeyi hasta había comprado una foto de ellos, en la que aparecía una señora canosa con un moño alto y un vestido floreado con hombreras. A su lado un diminuto hombrecito en traje y con lacito al cuello, ambos sosteniendo sus respectivas guitarras. Esa foto era uno de sus tesoros más preciados que guardaba junto a las imágenes de San Lázaro (con muletas y sus dos perritos) y la de la Santísima Virgen de la Caridad, además de algunas pulseritas y peinetas de colores.

A partir de Yeyi y con ella se construyó mi vida. Aprender con ella lo más importante de la vida. Me enseñó con una inmensa dulzura. Dio sentido y color a mi niñez, a mi vida en El Vedado, en Kohly, en La Habana, en mi Cuba. Fue la persona más importante de toda mi vida, antes de nacer mi hijo. Estábamos, estamos y estaremos siempre juntas en los cuentos y en los recuerdos disipados a ratos en el tiempo.

Quise tanto a Yeyi que aún hoy soy muy feliz cuando la encuentro en algún rincón de mis sueños.

El fogón

Tres olores delatan a la legua lo que se cocina: el dulce de guayaba, el lechón asado y el café.

En la cocina de mi casa se colaba café al despertar, a media mañana, al mediodía, a media tarde y en la comida. Claro, esto si no llegaba alguna visita, en cuyo caso se volvía a poner el colador a trabajar. Es que con el café en Cuba se amanece, se descansa, se celebra, se saluda y hasta se da el pésame.

La elaboración del café en los años cincuenta era todo un gracioso proceso de ingeniería química de alto nivel. En una especie de trípode de metal se colocaba un cono de tela. Allí se echaba el café molido. Luego se vertía encima agua hirviendo con un jarrito y... ¡Abracadabra! Rápidamente salía oloroso y humeante el néctar negro de los dioses blancos.

El café en mi casa lo «hacía» Nina y mientras este proceso se realizaba «iban llegando bailadores al baile». Salían de abajo de las piedras, y llegaban como moscas, no sé si por adivinación o porque eran atraídos por el inconfundible aroma del café. Aquella tropa que asomaba desde el jardín a la cocina traía la contraseña «me ñamaron» parodiando a Pototo, y con su presencia aseguraban el buchito de café caliente.

En el interín debían soportar estoicamente frente al fogón las historias repetidas una y mil veces de Nina y su natal pueblo de Caraballo, «lo mejorcito de Las Villas». Nina era «Yiya matraquilla», un disco rayado que no cambiaba ni una coma, ni agregaba un solo punto. Era orgullosamente fiel a su pueblo y lo recordaba con lujo de detalles. Pero pasar la prueba de resistencia equivalía a la recompensa de tomar el café recién colado, famoso por ser pura «tinta negra», café de carretero. Ese café cubano capaz de «levantar un muerto» en pleno velorio.

No obstante algún que otro día la técnica de la temperamental Nina fallaba. Ella todo lo hacía «a ojo de buen cubero» y en ese cálculo visual a veces se le iba la mano con el agua, y se excedía. Ante el diluvio de chistes, burlas y jaranas ella aclaraba a la concurrencia de forma muy circunspecta: que la cafetera «tenía sus días», «y sus antojos», como si tuviera vida propia. Pero ninguna excusa podía evitar la inminente hecatombe que se montaba en la cocina cuando el cálculo fallaba. Aquello si era

un relajo a todo dar. Jacinto que tenía fama de
«jartón» era el primero en «jeringarla» diciéndole
que ese café «venía de Santa Clara» y que «de contra había pasado por Clarinete» y por ahí seguían
todos con más «choteo» y «el dale al que no te dio»
y con más risas que «no tenían pá cuando acabar»,
pero eso sí todos ya con su tacita de café en mano
saboreándolo «buchito a buchito».

No sé a quién se le ocurrió un día poner el azúcar y la sal en pomos de cristal exactamente igua-
les. Y pasó lo que tenía que pasar, que entre uno y
otro cuento de Caraballo, Nina confundió el azúcar
con la sal. A la hora de tragar el primer buchito Jacinto se puso cenizo, abrió los ojos como platos y
llevándose la mano a la garganta y gritó: «¡Liduvina, coño chica, me has envenenao!».

Yeyi corrió a llevarle agua pensando que Nina
sin querer le había echado polvo de lavar al café.
Pensó que al tomar el agua «le bajaría el detergente
del buche». Ramón muy tranquilo dijo lapidario,
«ahora sí que chucuplún, el negro estira la pata».
Pero nada grave había pasado salvo que Nina confundió el azúcar con la sal y «saló al café». Al recu-
perarse del sofocón Jacinto salió diciendo que el
café de Nina «era una salación». Ella se defendía
comentando que: «a Jacinto le hubiera salido mejor
si hubiera tomado el café con el polvo de lavar,
porque así tendría las tripas brillosas y los peítos le
saldrían con espuma». Si el bonche seguía mucho
rato y la molestaban, cansándola «hasta el último

pelo», mandaba a todos los presentes a «freír tu-
sas» y seguía su camino.

La cocina era el núcleo central de la casa. Allí
estaba el refrigerador o «frigidaire», un personaje
estirado y pulcro. A su lado el viandero con ajos
cebollas, cebollinos, malangas y papas etc., para
que se airearan. Le seguía el botellón de agua «La
Cotorra», con todo y pájaro pintado afuera. Esa
famosa agua que venía de los manantiales de no sé
dónde y que la traía un camión. El botellón descansaba en un columpio de madera, que se «mecía» al
echar el agua en la jarra para ponerla a enfriar en
el «frigidaire».

Pero sin discusión alguna el rey de la cocina
era el fogón. Me refiero al fogón de gas con cuatro
hornillas y con horno abajo. En el fogón se hacían
los boniaticos fritos, las frituras de malanga, las
croquetas de pollo, las papas rellenas, las yucas fritas (que tanto extraño ahora) pero que en ningún
lugar del mundo saben cómo las que hacía Nina en
ese fogón. El horno no me hacía mucha gracia,
siempre lo respeté, por aquello del cuento de Han-
zel y Grettel. Pero debo admitir que armaba la de-
bacle, cuando después de meter bandejas con cla-
ras batidas, salían aquellos deliciosos merenguitos
doraditos y amelcochados que sabían a gloria.

Al lado del fogón había una mesita: «la mesita
auxiliar», que tenía la misma altura del fogón, y
resultaba muy útil para Nina cuando hacía tamal

en cazuela. Nina era como Yeyi muy bajita y flaquita. Según Jacinto las dos eran peso pluma « ¡y juntas y mojá no llegaban a 7 libras»!! Lo cierto era que ninguna de las banquetas de la cocina tenía la altura necesaria para que Nina alcanzara con comodidad la cazuela. Fue entonces que su creatividad se puso a prueba y se sentó sobre la mesita «auxiliar». Entonces descubrió que sí auxiliaba. Y que desde la mesita podía mover mejor con la espumadera la harina del tamal, para que no se pegara en el fondo de la cazuela. Visto lo visto, la verdad es que cocinar es todo una arte.

Todas las mañanas el lechero dejaba en la puerta dos litros de leche. El lechero que venía muy tempranito en un carro raro, sin puerta delante y con el nombre de la lechería grabado a un costado. Traía cestas de alambre con cuatro espacios para cargar los litros de leche. El envase de la leche era un pomo de un litro de cristal con una tapa de cartón que decía «pasteurizada» y otra tapita metálica encima. Siempre asocié el uniforme del lechero con el de los peloteros de aquellos años, porque ambos eran de listicas y con el fondo claro. Ahora creo que la diferencia sólo estaba en las gorras de cada uno...

Mosaicos de la época

El radio y Clavelito

Pon tu pensamiento en mí
y la mano sobre el radio
y verás que en este momento
mi fuerza de pensamiento
ejerce el bien sobre ti.

A Cuba llegó la radio en el 1922. Yo recuerdo que en mi casa había dos radios, uno en la mesa de noche de mi padre y otro en la cocina.

Desde el amanecer de Dios en que Nina entraba en la cocina lo primero que hacía era encender el radio. Daba igual cualquier estación. Lo mismo era Radio Reloj para oír las noticias y saber la hora exacta, que la CMQ para las novelas. La cuestión era que sonara aquel radio, que se oyera, que estuviera «vivo».

Todo estaba bajo control hasta que llegaba el programa preferido por Yeyi y Nina: el programa de Clavelito por la estación Unión Radio. Ellas fieles seguidoras, estaban diariamente a las diez de la mañana, sintonizadas, con la «guataca pará» y pegadas al radio. El éxito de Clavelito no tuvo nombre... ni apellido. Aquello sí que era el movimiento de masas a «tutiplén». Fue un fenómeno social y su público era francamente enorme. En mi casa primero dejaba de «llover pá bajo» que Nina dejar de poner puntualmente al famosísimo adivino.

Empezaba el programa con un punto guajiro y las décimas de «Pon tu pensamiento en mí»... A continuación Clavelito leía alguna de las muchas cartas que le mandaban sus fieles radioyentes, consultándole sus conflictos, y pidiéndole la solución. A través del más puro arte telepático él daba respuesta a sus angustiados oyentes. La gente tenía una fe tremenda en la poderosa mente de Clavelito. Algunos aseguraban, plenamente convencidos, que habían recibido sus milagros.

Su programa alcanzó un gran arraigo popular y fue el de mayor audiencia en la historia radial cubana. Llegó a ser tan querido Clavelito que rápidamente hizo una carrera política siendo Representante a la Cámara en los años cincuenta. Cosa esta que según Nina no era ningún «pellizco de ñoco».

Desde tempranito ya Nina tenía preparado el vaso con agua que ponía obedientemente sobre el radio, a pesar del bonche que le formaban Jacinto y Ramón. Ella siempre comentaba arisca: «déjenme a mí, que hilo sabe lo que cose y dedal lo que arrempuja».

Ni que decir que durante el tiempo del programa ni una mosca interrumpía su concentración. Creo que sólo respiraba en los comerciales.

Una mañana Lorenza, la prima «jabá» de Nina que vivía en Jacomino, fue a la casa. Lorenza se quería separar del marido, «un borracho-barrigón, bandolero, mujeriego y jugador», nada un estuche el hombre. Pero que además «le había hecho seis hijos». Ella descargaba su angustia contándole el drama a todo el que la quisiera oír. Y ese día le tocó el premio gordo a Jacinto. El pobre no sabía ni qué hacer ni qué decirle, ni para donde mirar ante aquellas historias contadas de «seguidilla». Llegó la hora del programa y a Jacinto «lo salvó la campana». Nina rápido le trajo a su prima un vaso con agua para que se lo pusiera con mucha fe a Clavelito. Jacinto la miró muy serio y le dijo: «Chica, con tó lo que tiene esta jabá arriba, mejor que un vaso ponle una palangana de agua».

Aquel programa generó todo tipo de historias, canciones y chistes. Hasta la querida orquesta Aragón compuso dos canciones: *El agua de Clavelito* y otra que se llamó *Espíritu burlón*. El estribillo de la segunda decía así:

Espíritu burlón, aléjate de mí... En
una sesión un día, me dijeron que jugara,
la 'bolita' y la 'charada', y también la lotería,
me tengo que despojar, basta ya de salación',
este espíritu burlón...me lo tengo que quitar,
¡despójate.. .despójate!..

Por esos años en un pueblo de Oriente, para más señas en Jiguaní, una mujer celosa cercenó el miembro viril de su marido Olegario, en un acto de celos. Aquello se regó como pólvora en toda Cuba y salió en la crónica roja de los periódicos de la época y en los noticieros. Fue un escándalo nacional que estuvo a punto de poner la bandera a media asta. Y como no podía ser de otra manera, el certero y genial pueblo cubano incorporó el impactante suceso a las décimas de Clavelito, actualizándolo así:

> *Pon tu pensamiento en mí*
> *y la mano sobre el radio,*
> *y ya verás Olegario*
> *como te crece el pipí...*
> *...de San Antonio a Maisí*

Hasta hubo quien aseguraba que la mujer le había cortado «aquello» para echárselo al potaje de garbanzos. Y es que el humor negro nunca faltó en Cuba aún en las más dramáticas circunstancias.

Retazos de aquellos programas que durante la mañana oían Yeyi y Nina, formaron parte de mi niñez y ahora son parte de mis memorias. Recuerdo en especial un programa en la mañana con dramatizaciones de amores y desamores de la vida real, creo que se llamaba los *Sucesos del día* y tenían la introducción de Joseíto Fernández cantando su *Guantanamera*. Era una hora repleta de tragedias pasionales. Francamente no entendía ni papa qué estaba pasando. A veces sólo se oían gritos y veía a Nina tensa, casi sobre el radio con los ojos llorosos y la nariz colorá. Al final de toda aquella «perorata» volvía la *Guantanamera*, resumiendo en sus versos el desenlace de aquellos «dramones» radiales, que Yeyi y Nina no se perdían ni de casualidad.

Por el mediodía oían *Los tres Villalobos: Rodolfo, Miguelón, Machitoooo* y otros episodios que nada tenían que envidiar la cursilería actual. Y como siempre en las novelas: las malas-muy malas; las buenas-bobas y los buenos-rebuenos.

Mientras Yeyi y Nina se extasiaban oyendo aquellas desgracias, yo por mi parte me escurría al comedor. Iba directamente a la alacena donde había un pomo de Emulsión de Scott. Allí, subida en una silla, destapaba el pomo y me despachaba a gusto. Sacaba aquellas perlas de color ámbar de aceite de hígado de bacalao. Increíblemente me encantaban y las masticaba. Era una verdadera piraña masticando y engullendo aquellas píldoras aceitosas que a nadie le gustaba. En los anuncios de televisión aparecía frecuentemente Emulsión de Scott «el hombre con el bacalao a cuestas». Era la figura de un pescador con sombrero de fieltro (¿?) que cargaba en sus espaldas un pescado casi tan grande como él. Aquel pescado que no era otra cosa que un «señor» bacalao.

Estas perlas junto con los bacilos búlgaros los traían del laboratorio del tío Pepe. Aquellos famosos e inolvidables «bacilos búlgaros». No sé si en realidad eran búlgaros o bielorrusos, pero en mis recuerdos están. Venían en unos tubitos de ensayo de cristal muy fino con tapita de goma. Dentro había un líquido transparente amarillito que sabía a limonada concentrada, ligeramente dulce. Al parecer esos bacilos búlgaros daban algún grado de inmunidad impidiendo que las personas cogieran catarro. Algo que para mí no tenía la más mínima importancia, porque con catarro o sin él, yo me «apuchunchaba a dos manos» con cuanto tubito de bacilo encontrara en la puerta del «frigidaire».

No pocas veces se quejó mi mamá que desaparecían los bacilos. Pero no habían desaparecido realmente estaban todos a buen recaudo en mi barriga.

La televisión

Llegó a Cuba en el año cincuenta, seis años antes que en la madre patria. Llegó y se convirtió sin discusión en el rey de la casa. Era un familiar a veces refrescante y otras imprudente.

Recuerdo el mueble de madera oscura de dos puertas que tenía dentro la televisión en mi casa. Antes había estado desvestida impúdicamente «encuera» sobre una mesita. De cualquier forma era la estrella de la sala. Ni el mueble que se había mandado a hacer con diseño especial para el tocadiscos, le quitaba el estrellato a la TV en la sala de la casa.

La televisión reflejaba la vida y le hizo honor a aquella frase lapidaria que decía que el cubano «podía ser de todo menos pesado». Los programas humorísticos eran variados y muy divertidos. Eran dirigidos generalmente para toda la familia.

Uno de los más vistos fue sin duda *La Tremenda Corte,* que fue llevada del radio a la televisión por su rotundo éxito. Los chistes e improvisaciones del genial Leopoldo Fernández (Pototo) junto a Aníbal de Mar y Mimí Cal entre otros hicieron momentos de inolvidable diversión. Hasta los *sketches* cómicos de estos artistas fueron llevados al cine y exhibidos como cortos humorísticos entre función y función. Recuerdo el programa de Dick y Biondi. Eran unos fabulosos comediantes argentinos que tenían una hora de humor en las noches por el canal seis. Al final se separaron y Biondi quedó solo con el programa que mantuvo su gran audiencia. Los personajes cómicos eran muchos, como Arbogasto Pomarrosa que siempre repetía: «mi papá trabaja en comunicaciones» y hacía que todos rieran y yo no entendiera de aquello ni «J.Vallés». Otros no menos encantadores fueron Mamacusa Alambrito, Cachucha y Ramón, Salmolledo y Cuquita la Mecanógrafa. Todos llenaban la pantalla con sus singulares caracterizaciones y hacían reír a carcajadas a los espectadores.

Hubo un personaje secundario que solo recuerdo de nombre: Bartolo. Era parte de un programa humorístico también. Vestía correctamente con sombrero de pajilla, de esos de «jipi y japa», con una guayabera y un lacito al cuello y lo interpretaba un artista negro flaquito. Bartolo siempre daba lecciones de urbanidad y sobre todo buenos modales. Su lema era: «La educación es la cosa más bonita del mundo». No sé si tenía además tenía un platanal, por aquello del «platanal de Bartolo», pero su papel era cómico y aleccionador.

También en la noche se veía los miércoles por el canal seis, *Detrás de la Fachada* y *Casos y Cosas de*

Casa los jueves. Los dos duraron muchos años más. En la tarde la CMQ que era el canal 6, tenía un famoso programa dirigido a buscar de talentos: *La Corte Suprema del Arte*, que daba la oportunidad para triunfar a los aficionados en las distintas disciplinas artísticas como el canto, la música y las artes escénicas. También fue conocido popularmente por su famosa campana, porque cuando desafinaban o cometían algún error «le sonaban la campana» como en el boxeo, dando por terminado el tiempo de prueba, quedando fuera de la competencia. Por allí pasaron en sus comienzos Celia Cruz, Rosita Fornés, entre muchos artistas más. El animador habitual era José Antonio Alonso, aunque en algunas ocasiones Germán Pinelli lo sustituyó.

Pinelli fue el mejor locutor cubano que recuerdo, pero era mucho más que eso era un artista completo y excepcionalmente culto. Declamaba, bailaba, actuaba, improvisaba a la perfección y tocaba magistralmente el piano.

Todos los días a la hora de almuerzo Nina traía del traspatio hasta la sala, una mesita y una sillita roja metálica para que yo almorzara y viera los muñequitos. Esa «mudada» era solo temporalmente, porque una vez terminado el almuerzo mesita y silla regresaban a su lugar de origen. Desde mi sillita roja frente al televisor, a veces me tocaba mirar, sin mucho entusiasmo, el show del mediodía. Un programa que animaba Pinelli y que tenía como artistas invitados a la Orquesta Aragón, Celia Cruz, Caridad Cuervo entre otros. Naturalmente que prefería los muñequitos del canal cuatro con Betty Boops, Popeye, y el pujón del gato Félix. Es más, era capaz hasta de soportar al insoportable Pow-Wow, the Indian boy, tan tieso y con su pegajosa cancioncita al comienzo y al final.

Los anuncios comerciales en la televisión eran muy originales. La pasta Colgate tenía uno donde el personaje protagónico era una ingenua muelita: «La Muelita Manuelita». Aquella muelita iba vestida como la Caperucita Roja, obviamente en blanco y negro. Un malvado villano la perseguía y la molestaba era: «el villano Pica-muelas». El salvador de la muelita Manuelita era el valiente tubo de pasta Colgate, que aparecía en el momento en el que el villano hostigaba a la muelita. Rápidamente el tubo hacía una abundante espuma con el cepillo de diente que mágicamente hacía desaparecer al villano Pica-muelas. Con esta historia hablada de «muñequitos» en la televisión se estimulaba a la «gente menuda» a lavarse los dientes... con Colgate, claro.

Por aquellos años también fue famoso un anuncio del Chocolate Nestlé en polvo: Kresto. En la pantalla salía el dibujo de una mamá vaca caminando por un campo florido, sonando el cencerro que colgaba de su cuello. Detrás venía muy contento su hijito, un gracioso el ternerito que decía: «Mami yo quiero mi leche con Kresto». La mamá vaca le respondía con una auténtica y profunda voz de vaca «¡Enseguiiiida mi viidaaaaaa!», estirando a más no poder las vocales. Aquel anuncio era una verdadera delicia.

Hasta la gasolina tenía su publicidad, específicamente la Shell. En aquella época se destacaba la presencia de un novedoso ingrediente que la hacía aún más potente. Era la gasolina Shell pero: «Shell con ICA». Nunca supe, ni aún hoy tengo la más remota idea de qué era aquella «ICA», ni por qué hacía que la gasolina fuera mejor en los años cincuenta.

Por supuesto que los tenis también tenían su espacio publicitario en la televisión. Eran los US KEDS, unos tenis altos (de cuello tortuga) y con un redondel de goma a nivel el tobillo con las iniciales US KEDS.

Las compotas Jals tenía un *jingle* pegajoso en sus anuncios. De fondo se oía una canción y la voz de una niñita cantando «¡Mami yo quiero Jals, compotas Jals, de frutas cubanas que alimentan más!»... Alimentarían tanto más o menos como las Gerber, pero sin duda Jals le ponía musiquita a su comercial. Y eso era un atractivo para el comprador, porque el cubano es muy musical. Al extremo que hay cubanos que nunca sabemos si bailan caminando o si caminan bailando. ¡Qué cosa más grande Caballero!

Las muñecas Lily también tenían su anuncio y sus jingle que decía: «yo soy la muñeca Lily me parezco mucho a tí... me puedes bañar me puedes peinar y conmigo puedes jugar... Lily». Realmente a mi me gustaban más las Mariquita Pérez que traían de España. Y los bebés en sus cochecitos. En aquellos años la variedad de muñecos era francamente grande.

En aquellos comerciales se estimulaba la competencia de firmas y artículos, lo que permitía al comprador el poder comparar y seleccionar antes de comprar. Así la televisión como medio de publicidad, desde los cincuenta, se encargaba de llevar estos productos de uso y consumo, casa por casa, deleitando al televidente con anuncios llenos de gracia y originalidad.

Casa de Socorro

Desde mi casa (en 6 y 25) cruzando la calle 25 y caminando hacia 23, justo a medianía de cuadra, estaba la impresionante y enigmática Casa de Socorro. Era una casa con unas paredes blancas, blanquísimas y un portal donde una enorme cruz roja daba cuenta a los transeúntes lo que guardaba adentro.

Allí de forma gratuita se daban los primeros auxilios para cualquier tipo de heridas. Algo que comprobé en carne propia cuando me pinché un cachete por maromera.

Fue en un minuto de libertad no autorizada, léase además no vigilada. Haciendo gala de un espíritu alpinista, nunca después tenido, me subí al muro que sostenía la reja que rodeaba la casa. Muy confiada apoyé mi cara en la punta de una de las lanzas de la reja y el resultado fue apoteósico. No recuerdo quien dio la voz de alarma. Pero de repente vi a Yeyi corriendo hacia mí. Nina a galillo limpio (como de costumbre) gritaba cosas indescifrables y bajaba como un bólido por la escalera de la cocina. Manchita la más cuerda de todas, saltaba muy contenta con gran alboroto.

Todo fue muy rápido y confuso. En un abrir y cerrar de ojos estaba acostada como rana «boca-

arriba» en una camilla metálica en la Casa de arriba
arriba» en una camilla metálica en la Casa de Socorro. Me dieron dos puntos en la mejilla izquierda
que me proporcionó lo único realmente doloroso:
que desde aquel día mi estancia en el jardín iba a
ser mucho más controlada.

El puesto de los chinos

Los chinos comenzaron a llegar a Cuba como una gran fuerza económica en el año 1847. En pocos años se convirtieron en una prestigiosa colonia que llegó a tener hasta un Cónsul, como representante oficial del Imperio Chino en la Isla. Fueron tan prósperos económicamente que tuvieron una Cámara de Comercio en la calle Galiano, un Banco Chino y tres periódicos diarios, editados totalmente en chino.

Mi vínculo con la cultura china empieza casi con mi nacimiento. Nací según el horóscopo chino en el año del tigre y mi primera palabra la dije en el puesto de los chinos del barrio, teniendo por testigo a Yeyi y a todos los chinos de la cuadra. No fui como los niños normales que pronuncian un amoroso «mamá», o un tierno «papá». Sólo dije un escueto y cortante: «ají». A veces me pregunto si no sería que estornudé y confundieron el «atchís» con ají. Pero fuera cual fuera la verdad de lo ocurrido, Yeyi acuñó que lo que dije fue ají, y «santas pascuas peregrinas». ¿Quién iba a atreverse a cuestionarla?

El local del puesto era un minúsculo negocio donde se vendían frutas, vegetales y algunas hortalizas. Estaba en la calle 8 entre 25 y 27. Por allí desfilaba el barrio entero, a pesar de que por la mañana los vendedores ambulantes inundaban con sus pregones las calles, llevando vegetales, frutas etc.. Pero para todos los vecinos de la zona ir al puesto de los chinos era ir a lo seguro.

Desde tempranito en la mañana ya se veían frente al negocio, las cajas de cartón y los cajones de madera, repletos hasta el tope de frutas y hortalizas. Ese despliegue de cajas y cajones era un anticipo de lo que se encontraría uno dentro del local. Algunas de las frutas estaban envueltas en papel de china. Aquellos inolvidables papelitos blancos finitos y transparentes muy parecidos a los que se usaban para calcar dibujos en el Kinder.

Atravesar el portal era toda una aventura. Había que hacerlo con extremo cuidado, para no meter el pie en una de aquellas cajas. Después de todo tipo de acrobacias, llegábamos al interior del local que estaba atiborrado hasta el tope de cestas, sacos y más cajas. Y es que adentro, ya estábamos en otro mundo.

Del techo colgaban racimos de plátanos sujetados por unas sogas bien amarradas a unos ganchos que sujetados al techo. Para llegar al mostrador teníamos que caminar en zigzag por estrechos y sinuosos espacios entre los plátanos que flotaban en el aire, mientras alegres y coloridos farolitos con flecos dorados adornaban las paredes.

En el mostrador para variar había más cestas de plátanos. Esta vez eran de plátanos fruta Johnson y manzanos. Yeyi decía que allí había más plátanos que en el platanal de Bartolo. No obstante ella siempre sucumbía ante la tentación de comprarlos, y al final cargaba por lo menos con una mano de platanitos manzanos para alegría de Nina.

Las frutas en su inmensa mayoría estaban muy maduras, lo que le daba al lugar un olor dulzón. Claro que el que las frutas estuvieran muy maduras o «pasadas», casi rayando en lo podrido, no era para los dueños motivo de preocupación en lo más mínimo. Ellos con toda la paciencia del mundo le extraían la pulpa a la fruta «requetemadura» y usando las técnicas artesanales importadas de China, fabricaban sus sabrosos helados de frutas naturales.

La familia al completo trabajaba en el negocio, desde el padre hasta los hijos. Todos eran chinos de pura raza, de Cantón para ser más precisos, al menos eso decía Yeyi. Entre los asiduos clientes era sabido que «el chino papá» o el «chino grande» no hablaba ni «un pito» de español. Pero esa barrera idiomática la derribaba con su sonrisa constante y su amabilidad. Cuando se «trababa el dominó» con él, inmediatamente venía a auxiliarlo su esposa. Una mujer muy dulce, bajita y gordita, con una cara tan redonda que parecía haber sido hecha con un compás. Era tan y tan china que daba la impresión de tener los ojos cerrados. Ella sí «se defendía» bien con el castellano, por eso generalmente era la que atendía a la clientela. Los hijos eran dos jóvenes réplicas casi exactas de su madre. El padre era grande, usaba alpargatas y unos descomunales pantalones anchos de lienzo a media pierna. Su aspecto era el de un emperador chino que había naufragado entre tanto plátano en El Vedado.

Lo realmente interesante ocurría cuando el padre regañaba en su lengua a algún miembro de la familia. Ese era el pistoletazo de salida para que se iniciara toda una revuelta entre los cuatro. Aquello era el show del «solar del reverbero caliente» al más puro estilo chinesco y se oía como un concierto de mil gatos con pitos y flautas de fondo.

Lo curioso era que con la misma rapidez con que se iniciaba «el jirigay» chino, se acababa. Era como una erupción volcánica que empezaba y terminaba abruptamente. En un pestañazo todo regresaba a la normalidad más absoluta. Reaparecía en los cuatro la uniforme sonrisa y los buenos modales que los caracterizaba. Aquellos amables comerciantes nunca supieron que su presencia allí daba un toque pintoresco y surrealista a El Vedado.

La bodega de 6 y 23 en El Vedado

La bodega de 6 y 23 tenía su caché al estar situada en una de las arterias principales de la ciudad. Desde allí podía tomarse el pulso saludable de la próspera economía habanera de aquellos años. El tránsito por la Calle 23 era un constante desfile de todo tipo de carros, una ejemplar manifestación de la democracia en el transporte urbano. Por allí circulaban sin discriminación alguna, carros chicos, carros grandes, elegantes Chevrolet descapotables, camiones de carga, guaguas, motonetas, chivichanas y algún que otro «fotingo» de alquiler. Nada, que en las calles de La Habana había de todo como en botica.

Ignorando el nivel que le daba su privilegiada ubicación, Yeyi la bautizó como: «La bodega de la esquina». Y así se quedó, sólo que con «el tiempo y un ganchito» la bodega de la esquina se convirtió en el punto de referencia geográfica para toda gestión en el barrio. Era como el diamante del Capitolio para La Vía Blanca. Aquella bodega para Yeyi y Nina era el kilómetro cero, el núcleo central de toda actividad mañanera comercial. A partir de allí salían todas las direcciones de las tiendas, las paradas de guaguas, los parques, las calles, las casas y sus habitantes.

A la bodega iban todos los vecinos cercanos a comprar los «víveres». Entiéndase por víveres el arroz, frijoles, azúcar, café, viandas, etc. También se compraba el pan de flauta. Ese famoso pan criollo con nombre musical, que había que ir a buscarlo tempranito, acabadito de sacar del horno, porque si se enfriaba se ponía «zapatú» y no había Dios que se lo tragara.

Para los más jóvenes quizás sea más claro decir que la bodega es la abuela por línea materna de los supermercados actuales. Años después llegaron a La Habana los «Grocerys», El Ekloh (en la esquina de 19 y 42 en Almendares) y los Minimax. Ellos modernizaron e higienizaron los productos, que empezaron a venderse protegidos por envases transparentes y bolsas plásticas. Estos centros hicieron las compras mucho más cómodas y más refinadas. Con sus pisos de granito, sus grandes *freezers*, sus limpios empleados uniformados y sonrientes, sus diferentes departamentos especializados, el aire acondicionado por toda la tienda y con los carritos muy similares a los actuales (para cargar la mercancía) hacer la compra se hacía con mucho mayor confort.

Pero la bodega aún sin esa organización, ni su elegancia, ni sus avances tecnológicos, tenía su encanto. Tenía un trato personal y familiar con aquellos pintorescos personajes de la escena costumbrista habanera: los bodegueros.

En «nuestra» bodega eran tío y sobrino los que hacían de dueños y empleados a la vez. Los dos habían venido de Lugo, ciudad del norte de España. Eran auténticos y rancios «galleguiños». A fuerza de mucho trabajo ellos levantaron su negocio de comestibles y «bebestibles». El más viejo se llamaba Sandalio, pero los jodedores del barrio le decían Chancletica.

Chancletica era un gallego bajito, «trabao», «atrabancao» y «mofletú», palabras textuales de Nina. Tenía un espeso bigote y su cara siempre estaba roja como un tomate. No se sabía si esa rubicundez era consecuencia del calor por usar una boina de lana «a punto del mediodía» cuando el sol en Cuba hacía sudar hasta las piedras. O si estaba «colorao» por los «cañangazos» de agua ardiente que se «soplaba», de vez en cuando y de cuando en vez, para «entonarse». Nina aseguraba que «aquel gallego estaba bueno para meterlo en lejía una semana con boina y tó».

El sobrino era: el «bodeguerito», mucho más joven, y ya «aplatanao» a la Isla. Llevaba siempre en la cabeza un sombrerito hecho de papel cartucho, de esos que se usaban para cargar «los mandados». A juego con el sombrerito y detrás de sus orejas sobresalían dos «mochos» de lápices de escribir, colocados con impecable estilo. Los lápices parecían dos antenas saliendo de las orejas, pero le servían para sacar las cuentas, especialmente cuando fiaba a los clientes.

La bodega tenía al frente un mostrador de madera desgastado, que recorría de extremo a extremo el establecimiento. Sobre el mostrador unos pomos grandes de cristal, que conservaban alguna transparencia. En su interior había todo tipo de caramelos de colores, chicles (tutti futti o de ballon), galleticas de queque, «rompe quijá» y raspaduras. Los «rompe quijá» se vendían a tres por un kilo prieto. Me encantaban porque eran caramelos grandes, amelcochados de color carmelita. Muy pocas veces me los compraban con la excusa de que: «después se te quita el hambre».

En el centro del mostrador estaba la vidriera. Tenía un cristal grueso que conservaba las huellas digitales de cuanto ser humano se había apoyado allí. A pesar de ese pequeño detalle, por detrás podía adivinarse (con buena imaginación) la existencia de cigarrillos, tabacos, fósforos... y naturalmente los billetes de lotería.

Al fondo de la bodega y cubriendo las paredes estaban los estantes, repletos de variedad de latas de conservas, jugos, sopas, salchichas, todo tipo de dulces en almíbar... hasta latas de chorizos. En el piso se apilaban unos enormes sacos de yute abiertos por un extremo y doblados hacia fuera. Contenían en su interior «los granos»: arroz, frijoles: negros, coloraos, caritas, bayos, garbanzos etc. Encima descansaba una especie de pala, paleta o cuchara cuadrada de metal que servía para meter los granos en los cartuchos. El bodeguero con su pala calculaba aproximadamente, «a ojo de buen cubero» la cantidad que pedía el cliente. Previamente había colocado con mucho arte, el cartucho abierto sobre la bandeja de la pesa para echar la mercancía. Mi tío Pepe aseguraba que aquellos sacos de arroz y frijoles eran de 100 libras y que estaban tapados por «Orden de Sanidad» para que las moscas no se posaran.

Con toda la mercancía dentro de los cartuchos de papel, llegaba el momento de sacar cuentas. El importante momento de las sumas y restas, y del cobro. Era entonces que Gervasio el joven bodeguero, con voz chillona empezaba a enumerar las compras. Decía en voz alta una interminable letanía sin respirar, que nadie entendía. Al terminar se hacía un silencio general que alguno de los presentes rompía con una sonora y espontánea carcajada. Después, seriamente y despacito con voz alta y clara el galleguito decía el costo total, mirando fijamente a su interlocutor, con una enorme sonrisa que le colgaba de oreja a oreja.

Si estábamos con suerte, coincidíamos en la bodega con algún vendedor ambulante de dulces hechos en casa, con una exquisita variedad de dulces de coco: besitos de cocos —coquitos acaramelados deliciosos y redonditos— y el «mojón de negro». Un dulce de coco y azúcar prieta inmenso y horroroso. El festín era grandioso cuando Yeyi compraba coquito acaramelado a dos por un medio. Los vendían envueltos en un papelito que no evitaba que el cartucho se «enchumbara» con el pegajoso almíbar.

Durante el día y parte de la tarde desfilaban por el mostrador de la bodega todo tipo de persona de los más diversos «linajes y pelajes». No era raro ver un chofer de guagua parar y «apearse» corriendo para comprar una caja de cigarros H. Upmann o Partagás. Luego regresar al timón envuelto en una nube de humo y totalmente bizco mirando extasiado como salía el humo de su cigarro.

La bodega además de reclutar un verdadero popurrí social, era un muestrario viviente, y más que nada y por encima de todo un espacio para la «chivadera» y «cháchara». Un lugar que propiciaba el encuentro de la gente, de las muchachas de servicio de las casas, de los vecinos cercanos, de empleados de negocios próximos y de algún que otra «ave de paso». Entre todos sus clientes estaban los viejos conocidos, los nuevos conocidos, los poco conocidos, los desconocidos y los recién conocidos. Eso en definitiva daba igual. Solo era necesario estar allí y coincidir, para hablar de todo y con todos. Y por supuesto todos a la vez, una especialidad típicamente cubana.

Los temas eran de lo más variopinto. Se mezclaban todas las noticias: las más importantes, las sin importancia, los chismes viejos y chismes frescos. En fin que siempre había a la disposición del cliente una variedad infinita de temas a elegir, que no permitía jamás el aburrimiento.

Se discutía con pasión y con absoluto conocimiento de todo. Porque eso sí que no admite discusión caballero: el cubano sabe amplia y detalladamente de todo. Y por supuesto cada uno de nosotros tiene siempre la razón. ¡Y vamos a estar claros, que la sola duda ofende!

A un costado de la bodega por la calle 23 estaba la carnicería del barrio. El dueño era uno de los apasionados y constantes enamorados de Nina el risueño Manolo, el carnicero. Sobre su prominente barriga llevaba siempre un delantal de cualquier color menos blanco. De lejos se distinguía por su cabeza de huevo, sin un pelo. Tan calvo era que la gente comentaba que a una cuadra de distancia se le leían los pensamientos. Era el típico personaje bonachón, cariñoso que no se disgustaba ni cuando los graciosos le recitaban aquello de «cómo brilla la luna cómo brilla el sol, cómo brilla la calva de ese señor». A él le importaba tres pitos y contestaba «me da lo mismo, yo sí que no tengo ni un pelo de bobo». Y cuando lo mortificaban mucho decía: «a los guanajos come mierdas que no tienen más ná que hacer que venir a joder les dedico de todo corazón: «tres peos y una plegaria».

Al lado de la carnicería siguiendo por la calle 23 estaba el Cuartel de Bomberos. Desde la acera podía verse con lujo de detalle el rojo carro de bomberos. «¡Y aquello si era mucho con demasiado!» Era igualitico a los que salían en los muñequitos de la televisión, pero sin el perro. A veces uno podía ver a un bombero de verdad, de cuerpo entero, de carne y hueso, pero eso sólo ocurría en muy contadas ocasiones. La realidad era que mirar de cerquita aquel carro rojo siempre lustroso era todo un acontecimiento. Lo que nadie pudo aclarar era si el brillo del carro era por el poco uso o porque los bomberos eran muy limpios.

Una sola vez pudimos ver al cuerpo de bomberos en plena acción. Ese día tuvimos el honroso privilegio de presenciar cómo salían a apagar un fuego en total cumplimiento del deber. Estábamos Yeyi y yo en la farmacia que quedaba al lado del cuartel, en fila para ser atendidas detrás de Estilita la maestra jubilada. Mientras en el mostrador el pálido y estirado boticario, con su conocida «sangre de horchata», despachaba unas medicinas a un cliente. De pronto oímos un sonido aterrador que parecía salir del piso, de las paredes, de todos lados a la vez. Yeyi y yo nos quedamos más tiesas que un palo. Por suerte estábamos a una respetable distancia de la entrada, porque lo que se armó allí fue «la de San Quintín».

Al escuchar la sirena el pálido y estirado boticario perdió su habitual compostura, dio un grito, lanzó el pomo al aire, regando las pastillas como confeti por dondequiera. Acto seguido saltó por encima del mostrador, ante la mirada estupefacta del horrorizado cliente, que estuvo al borde de «una sirimba». El boticario salió «arrebatao» de la farmacia. Llegó a la acera con los brazos en alto, gritando frases Martianas y saludando a los bomberos.

Detrás salió Estilita muy emocionada. Iba marchando y cantando el himno nacional. Llevaba la cartera bajo el brazo, mientras con una mano se sujetaba la redecilla del moño y con la otra se secaba las lágrimas.

En un segundo un enjambre de gente presa de un desbordado fervor patriótico llenó la calle. A través de la vidriera de la farmacia vimos que desde los lugares más insospechados seguían llegando. ¡Salían hasta de debajo de la tierra! Si señores, literalmente, porque unos trabajadores de Obras Públicas que estaban arreglando el alcantarillado, salieron del mismo medio de la Calle 23 y se unieron al entusiasmo popular. Gervasio el bodeguerito llegó tocando su gaita. Él y el boticario querían subirse de todas formas, por la parte de atrás al carro de los bombero. Menos mal que Manolo el carnicero y su ayudante los lograron aguantar.

111

Al final no se sabía quién hacia más escándalo si la sirena de los bomberos, Estilita cantando himno, el boticario o Gervasio y su gaita.

Mientras, Sandalio (el Chancletica) celebraba en la bodega el histórico suceso, más «colorao» que nunca, brindando en la barra con su fiel grupo de borrachos mañaneros.

Todavía no sé cómo pudieron avanzar los bomberos en medio de tanto revuelo, ni si llegaron a tiempo con tanto lío para salir de allí. Tres horas después todavía había gente en la entrada del cuartel. Todos orgullosos del honroso cuerpo de bombero de la Calle 23.

El recibimiento fue por todo lo alto. Entraron al cuartel aclamados como héroes entre vítores y banderas. Gervasio, el boticario y tres borrachos más les pidieron autógrafos a los héroes del día.

Aquel fue el primer acto patriótico que presencié en El Vedado.

Lolita

Mis fotos preferidas de niña me las tomó mi madrina Lolita. Y quién sabe qué suerte habrán corrido allá en Cuba luego de mi exilio.

A Lolita le encantaba que yo recibiera clases de ballet. Por eso con frecuencia me llevaba y me recogía de Pro Arte Musical, que estaba al lado del teatro Auditorium frente al Carmelo de Calzada. Una tarde salíamos Yeyi y yo como de costumbre después de una hora de clase, cuando la encontramos esperándonos con una inmensa muñeca sentada en el carro.

Por fortuna sus regalos eran muy frecuentes y sin motivo alguno, excepto en este caso. Este era un premio por mis «adelantos» en ballet. Claro que eso de «adelantos» era puro eufemismo, pura cuestión de bondadosa apreciación personal de ella. Yo seguía siendo una chiquita más del montón, pero iba o mejor dicho me llevaban a la academia los lunes, miércoles y viernes aunque estuviera entrando a La Habana un ciclón.

Lo cierto fue que ese día aquel regalo fue una sorpresa maravillosa. Era una *ballerina* de ballet, muy peculiar porque era una sonriente «coneja» de trapo, de mi tamaño, con unos inmensos dientes, y unos ojos tan abiertos como los de la solterona de la baraja. La coneja tenía en la cabeza un pañuelo anudado en la frente, al más fiel estilo de «Cachita Jabón Candado». Por el pañuelo salían unas enormes orejas blancas, con el centro de seda rosa. La tela del pañuelo y el tutú eran de color rojo con lunares blancos. Añadía más gracia a la muñeca, sus larguísimas patas, que eran como interminables morcillas que al final terminaban en unas zapatillas de ballet rojas. Como constancia de aquella memorable tarde quedó una foto de las dos, la coneja y yo. Juntas, abrazadas en la baranda del portal de 6 y 25. Ambas con tutú, una con lazo rojo de «huevalitos» en medio de la frente y la otra con un lazo a cuadros en el rabo de caballo.

Mi madrina provenía de una acaudalada familia de Ciego de Ávila, perteneciente a la provincia ganadera de Camagüey. Contaban que el Teatro Principal del pueblo lo mandó a construir su abuela Doña Ángela Hernández, viuda de Jiménez y descendiente directa del Conde de Villamar. Doña Ángela tomó tal decisión después de que le fuera negado un palco en el Teatro de La Habana para escuchar al famoso tenor italiano Enrico Caruso. En realidad las reservaciones habían sido rápidamente agotadas porque era que la primera vez que «el gran Caruso» visitaba Cuba, eso fue allá por los años veinte.

Entonces la abuela de mi madrina decidió que nunca más recibiría tamaño desplante. Y decidió construir su propio teatro en Ciego de Ávila. Por esa razón contrató y trajo a los más prestigiosos arquitectos italianos del momento, para que se encargaran personalmente de todos los detalles del teatro. El resultado final fue todo un éxito. El nuevo auditorio incorporaba todas las modernidades acústicas de los teatros de ópera de Europa. Era muchísimo más novedoso y sofisticado que el Teatro de La Habana en aquella época. Doña Ángela Hernández viuda de Jiménez se aseguraba así de brindar un escenario con los mejores recursos a los artistas invitados internacionales y nacionales. Y lo que era aún más importante: ella siempre dispondría de un privilegiado lugar para disfrutar obras de calidad.

A la inauguración del Teatro Principal acudió «todo lo que vale y brilla» de Camagüey. Además estuvieron representadas al completo lo más selecto de la intelectualidad, figuras políticas destacadas y familias célebres de la Isla. El cura bendijo el teatro y el alcalde dio un discurso inaugural. Resaltó la trascendencia de tan magna obra cultural, que sin duda alguna fue una joya de diseño arquitectónico.

El Teatro Principal tuvo gran repercusión. Allí se representaron óperas y famosas orquestas brindaron conciertos. No sé si Caruso supo que una distinguida cubana, fiel admiradora de su arte mandó a construir un teatro con la sola idea de escucharlo a él. Lo cierto fue que el famosísimo tenor italiano nunca más regresó a Cuba. No obstante eso no impidió que el teatro se llenara de luces los fines de semana y que un elegante y exquisito público acudiera acompañando a Doña Ángela Hernández viuda de Jiménez a disfrutar los diferentes programas artísticos.

Lolita llegó a La Habana a estudiar la carrera de Derecho en «la capital» igual que mi mamá. Fueron de las poquísimas mujeres que en los años cuarenta subían la escalinata y se matriculaban en la Universidad. Allí se conocieron, estudiaron y se graduaron las dos como Doctoras en Derecho.

Lolita no se casó, ni tuvo hijos, quizás por eso yo le gustaba tanto. No hubo un sólo hecho importante en mi vida donde su opinión no tuviera peso específico y gran trascendencia. No sólo fue mi madrina de bautizo, sino que intervino en la selección de mi escuela. Visitó los diferentes Kindergardens de los colegios de moda con mi mamá. La duda en la selección estuvo entre el Colegio Apostolado, en El Vedado o el Phillips en el Reparto Kohly, en Marianao. Se decidió a instancia de ella que yo estudiara en el Phillips. Decisión que a estas alturas aplaudo. El Phillips School era un colegio laico de niñas y niños, y sobre todo que solamente exigía uniforme los días que teníamos clase de educación física, esto era los martes y jueves en la mañana. Los demás días nos vestíamos con ropa «normal», como Dios manda.

El Colegio Apostolado era una escuela católica para niñas y allí el uso del uniforme era obligatorio. Fue el colegio de mi amiga María Antonia Morales Valdés y era una escuela de monjas. Estaba en la calle 21 casi frente a Paseo en El Vedado. Sólo fui al Apostolado una vez, en ocasión de una tómbola (algo así como feria) con mi amiga María Antonia. Al llegar nos recibió una monjita que nos llevó por unos interminables y silenciosos pasillos de paredes amarillas. Aquellos pasillos llevaban a otros pasillos, con una que otra imagen religiosa que aparecía en las esquinas, interrumpiendo así la continuidad abrumadora del color amarillo. Entre imagen e imagen aparecía alguna puerta cerrada, dándole aún si cabe, más severidad al lugar. Recuerdo que el piso era de una limpieza impecable, brillando tanto como un espejo. Finalmente llegamos al patio donde estaban todas las niñas animadamente riendo y celebrando juegos y rifas.

Aquel patio estaba rodeado de altos muros. No sé qué me impresionó más si el patio cerrado entre altos muros, los largos pasillos silenciosos o la seriedad de aquellas monjitas metidas dentro de esos asfixiantes trajes y envueltas en tanta tela.

El Casino Español...
Una tarde en el Casino

L olita vivía en la calle 21 entre 4 y 6 en El Vedado, frente por frente a la Clínica Sagrado Corazón. La cercanía física a mi casa, unido al vínculo afectivo que teníamos, hacía que durante el verano, de lunes a viernes, nos recogiera a Yeyi y a mí en la mañana para ir al Casino Español. Venía con Mario su chofer, un sonriente y corpulento mulato, con grandes bigotes, siempre con su uniforme y gorra azul prusia. El carro de mi madrina fue el primero que conocí con aire acondicionado en Cuba, algo inusual en los años cincuenta

El Casino Español era un club que estaba en Marianao, entre el Yacht Club y el Náutico y teníamos que atravesar toda la Quinta Avenida para llegar a él.

En la intersección de la Quinta Avenida y la calle setenta en Miramar, a mano derecha y antes de llegar al Club Comodoro, había un estrecho paseo donde unos vendedores ambulantes exhibían infinidad de artículos de playa. Tenían un amplio muestrario que iba desde las clásicas pelotas inflables de colores, salvavidas con todo tipo de modelos: con cabeza de caballito, sin cabeza de caballito, con cabeza de pato, sin cabeza de pato etc. Había además balsas chicas, balsas grandes, de color entero, a cuadros, a rayas, con almohaditas y sin almohaditas etc. Y naturalmente no podían faltar los cubitos con palas y cuanta cosa cupiera en cabeza humana para el disfrute de la «grey infantil».

Yo contaba con mi arsenal personal de «cachibaches» de playa, por lo que pocas veces me llamaba la atención algo. Hasta que una mañana sucedió. Mario fue el primero en verla. Entre todos los tarecos de playa, ese día sobresalía por su descomunal tamaño una gigantesca pelota de playa que parecía haber sido hecha para Gulliver. El pugilato que armé dentro del carro fue tal que Lolita hizo que Mario retrocediera para comprarme la pelota. Tan impresionante era su tamaño que no cabía en el maletero del carro, ¡y estamos hablando de un Cadillac! Fue entonces que Lolita decidió desinflarla...

¡Oh tragedia! ¡Cuánta angustia! ¡Qué desasosiego! ¡Qué dramática situación ver como aquella impresionante y preciosa pelota se convertía en una mirringa de colorines! Ante tal sacrilegio el «llantén» no se hizo esperar. Estaba totalmente desolada y un alud de mocos, lágrimas y sollozos llenó el carro. Lolita trató mil veces de explicarme que aquella afrenta a la pelota era totalmente transitoria y que una vez llegáramos al Casino, volvería a estar como antes.

Y así fue, al llegar y casi frente a la entrada del Club, el pobre Mario se puso morado echándole aire a la pelota. Poco a poco la pelota recobró su tamaño. Desde ese instante comprendí que las sorpresas no son plato de buen gusto para mí.

Repasando en la memoria recuerdo un reportaje del periódico el *Diario de la Marina* titulado de «Una tarde en el Casino». Tenía fotos de los espacios más bonitos del club y de algunos de sus socios. En una foto estaba mi mamá, mi madrina Lolita, su hermana Sonia, Consuelito y mi madrina de confirmación: Margot Roig y sus hermanas Tina y Nena. Todas con los peinados de época llenos de «sortijitas y buscanovios», estilo Betty Boops. Todas posando sonrientes, jugando a las cartas y disfrutando de una tarde cualquiera cerca del mar.

También aparecían fotos de niños en el parque infantil. Algunos subidos en la canal, otros meciéndose en los columpios, o trepados en la «ola marina», el «tiovivo», en el «cachumbambé» o en cualquier otro aparato de diversión. Y allí estaba yo, con mis sandalias blancas, una batica de tiranticos, florecitas y encajes. Con un cerquillo y una melenita a lo garzón, recién cortada, que más bien parecía un casco militar, pero era *made in Tilly*, la peluquería infantil de moda de la calle Calzada.

En el Casino Español descubrí mi pasión por el mar y su interminable azul. La playa era un espectáculo que derrochaba armonía y vitalidad. El murmullo del mar y el rítmico vaivén de las olas que esparcía espuma caprichosamente en la arena para alegría de los niños. Mucho más tarde aprendí a vivir con intensidad la voluntad de la naturaleza, sin cuestionamiento.

Pero filosofía romántica y picúa aparte, el Casino Español también era una maravilla. Después del baño de mar, una vez enjuagada, secada, vestida y «empavesada» con perfume de violetas de arriba a abajo, íbamos a la cafetería a merendar. Allí tomaba invariablemente un jugo de tomate Libbys (mi preferido) y me daba unos atracones horrorosos de «croqueta preparada». Que no era más que una croqueta distrófica, con galletica de soda, un poquito de «catshup» y de mostaza. Ah, y aquellos pastelitos de carne deliciosos, cubiertos con una capita transparente de azúcar. Muy diferentes a los que hacen hoy las pastelerías que he visitado. No obstante conservo intacta la esperanza de volverlos a encontrar algún día...

¡Ay caballero! ¡Cuando La Habana era La Habana!

La Ermita de los Catalanes

Estaba muy cerca de Fontanar, casi frente al Reparto Río Verde, en la Avenida de Rancho Boyeros. La misma avenida que llevaba al aeropuerto. La entrada a la Ermita tenía dos gigantescos portones de rejas que al abrirse mostraba un camino de gravillas entre árboles. El camino subía una cuesta y llegaba hasta la escalinata de la entrada de la parroquia. La iglesia era muy antigua, de puntal alto, con una virgen morena que cargaba al niño Jesús con el brazo derecho mientras sostenía una esfera en la mano izquierda.

Precisamente en esta Ermita de los Catalanes o Ermita de Monserrat fui *flower girl*, cuando se casó la hermana menor de mi madrina. Se casó con un capitán de barco catalán. Decían los mayores que se habían conocido en uno de los viajes que hizo Sonia por mar a Barcelona a ver la familia paterna.

La boda fue un sábado de noche, pero los aburridísimos e interminables ensayos fueron siempre de día. Para mí aquella boda se celebró más de diez veces, contando todos los ensayos en la iglesia y todas las sesiones de prueba del traje de *flower girl*.

El traje de la novia y el mío los diseñó el célebre modisto catalán Ismael Bernabeu y las agotadoras pruebas se hacían en su taller. Durante horas me subían a un pedestal redondo. Allí las costureras-asistentes del *Maestro*, armadas con miles de «alfileres de cabecita» me pinchaban por dondequiera. Luego de una eternidad llamaban al «*Maestro*» para que diera el visto bueno.

El famoso modisto era un hombre de mediana edad, canoso, no muy alto. Siempre vestido impecablemente de traje y corbata. Aparecía en el marco de una de las puertas. Miraba por unos segundos los vestidos a distancia y después los miraba de cerca detenidamente. Remataba el análisis con un discurso, apenas perceptible y en catalán, dirigido a su ejército personal de modistas. Mientras señalaba algún que otro detalle nadie parpadeaba. Al final terminaba haciendo él mismo unos pequeños arreglos. Era en ese momento que el traje cambiaba su imagen como por arte de magia mostrando una silueta más terminada, sofisticada y elegante.

Era un genio el *Maestro* Bernabeu. Además de su exquisito buen gusto y conocimiento de la costura, la moda y la figura femenina, era famoso por hacer milagros, transformando a novias francamente feas, en perfectas bellezas reales el día de su boda. La hermana de mi madrina no era precisamente lo que se dice una muchacha bonita. Sin embargo, Bernabeu honrando su prestigio hizo el prodigio. Desplegó todo su arte, experiencia y buena voluntad en la solución de casos difíciles y

123

creó para la novia un maravilloso vestido. Era de seda blanco, velado con encaje de *Chantilli* que remataba con una enorme cola. El traje era estrecho, por lo que fue imprescindible el uso de un corsé que era como una coraza debajo del vestido. El corsé recogía, organizaba y distribuía todo aquello que sobraba o estaba en el lugar inapropiado, llevándolo al pecho, caderas y fondillo. En fin sin discusión alguna Bernabeu era una eminencia con los trajes de boda. Claro que el costo de toda esa «organización» en la silueta de la novia, significaba un enorme sacrificio para ella. Mantenerse linda equivalía a estar más tiesa que un palo y a respirar con dificultad.

El velo se lo colocó con tal maestría que apenas dejaba ver la cara de la novia, algo que propios y extraños agradecieron de corazón. Así fue que ante la sorpresa de todos se logró que durante la boda ella luciera si no bellísima, al menos «pasajera».

Al principio cuando me dijeron que iba a ponerme un vestido largo, me encantó la idea, me sentí importantísima. Iba a ser la Bella Durmiente de 6 y 25. Yo aún no tenía cinco años, no había hecho ni la primera comunión, así que aquello de traje largo era para mí algo muy serio. Pero luego de todo aquel viacrucis de ensayos y pruebas, se me fue desmoronando mi sueño inicial. Empecé a entender la magnitud del fenómeno que se me avecinaba el día en que me probaron el refajo, que pesaba una tonelada. Aquel refajo era de seda «cruda» y tenía una sayuela llena de círculos de alambres, para que la saya estuviera siempre abierta e inmóvil aunque yo estuviera caminando. Sin ponérmela solo mirándola de lejito, aquella sayuela se mantenía siempre «de pie». Era como una pajarera de tela y alambre con vida propia. Sobre el refajo iba un lindo vestido de gasa rosa pálido, con una saya amplísima y con bordados y manguitas de globito. Tenía además unos adornos con encajes beige que habían traído de Bruselas. Nada una monería...

Hasta que al fin llegó la noche de la boda. Mi abuela Graciela se estrenó para la ocasión un sombrero que parecía un barco con tres pompones azules de tripulantes. Mi mamá llevó un sombrero más discreto, era como un casquete de plumitas con redecilla.

Yo no me podía sentar dentro del carro por los alambres de la puñetera saya. Y me llevaron «pará» hasta la iglesia, como una piñata.

Al llegar a la Ermita fueron necesarios cuatro hombres para ayudarme a salir con la saya íntegra de la máquina. Aquello fue como descorchar una botella.

Luego en el piso cargar aquel vestido fue una auténtica proeza. Así que llegado el momento entré agarrando con una mano la saya e intenté como pude caminar con aquel peso. En la otra mano llevaba un precioso bouquet de rositas miniaturas rosadas «artísticamente» atado.

Alguien, que nunca supe quien fue, me arregló mi cintillo con lazo. Por suerte para mí ya el pelado, lloviznitas a lo garzón, había desaparecido y en su lugar tenía una angelical cola de caballo con bucles en la puntas. La marcha nupcial empezó a escucharse y la cabeza me dio vueltas. En medio de esa confusión y sin reconocer a nadie. Me sentí peor que en la montaña rusa. Rodeada de gente extraña y de caras desconocidas. De pronto oí una voz que con autoridad dijo: «¡Que camine la niña». ¡Y allá va eso! Me abrieron paso y yo dócilmente, cual chiva de feria caminé «el uno, dos, tres» que tanto había ensayado.

El pasillo estaba oloroso y alfombrado. Los bancos de la iglesia fueron decorados a ambos lados de la alfombra con rosas, claveles, lirios, cintas y lazos blancos. Las señoras elegantes, con sofisticados sombreros, sonreían y murmuraban curiosas. Estaban acompañadas de caballeros no menos elegantes, pero con unas caras que no disimulaban su aburrimiento.

No sé si ver al cura solito al final del pasillo, o ver tanta cantidad de gente, o el intenso perfume de las flores, o todo a la vez me hizo coger una velocidad inaudita en la marcha. Y ya cuando estaba casi llegando al altar, mi madrina Lolita metió la cabeza por uno de los repletos banquillos de invitados y me dijo: «Chelo vira que Sonia todavía está en la entrada». Y así fue como con todo el andamiaje que tenía por traje, y que cargaba sin ayuda alguna, di media vuelta lo más rápido que pude y regresé sin aire a la puerta. Al llegar encontré que Sonia todavía estaba tratando de salir del carro. Tenía enredada la cola con la manigueta de la ventanilla. Mientras a unos pasos el célebre *Maestro*, Bernabeu, muy en su papel de excelentísimo diseñador, serio y en total control, daba órdenes a sus asistentes. Ellas solícitas reconstruían con rapidez y habilidad la obra maestra. Y así fue como su ejército de modistas se abalanzó como abejas sobre Sonia y en un santiamén le armaron el velo, arreglaron el ramo, ajustaron el vestido, estiraron la cola del traje, le «retocaron» el peinado. En fin, colocaron cada cosa en su lugar y cada lugar en su cosa.

Finalmente la nerviosísima novia con todo en orden entró del brazo de su padre a La Ermita de los Catalanes.

El domingo siguiente en la sección de fotos de los eventos sociales de los periódicos *Información* y el *Diario de La Marina* salían publicadas a dos páginas las fotografías de la boda. Había de todo para escoger: el padre de la novia y la novia entrando a la iglesia, los novios y el cura. Los novios frente al altar, lejos del altar, con los padrinos, sin los padrinos, los novios en el intercambio de anillos, los novios con los familiares todos sonriendo. Y la foto de una niña de apenas cinco años que posaba con una

saya tan amplia que abarcaba casi toda la imagen.
La foto tenía un sugestivo pie de grabado en un
periódico que decía la *flower girl* y en el otro periódico la *maid of honor*. Así todo quedaba bien para la
posteridad de las dos formas, «por si las moscas».

Cementerio Colón

La idiosincrasia de un país no la dan sus museos, ni las construcciones modernas, ni las arquitecturas antiguas. Ni mucho menos las áreas que promociona el turismo como playas, parques o restaurantes. Lo que realmente dibuja el alma de un pueblo son sus mercados populares y el cementerio. Esos dos lugares muestran sin maquillaje, de forma descarnada y con absoluta realidad, los hábitos y costumbres de un pueblo.

De los mercados populares de La Habana mis recuerdos son muy vagos. La primera y única vez que fui al Mercado de Carlos III, lo hice con mi papá. No tengo claro por qué fuimos, pero sí que era chica y me sentí muy mal. Supongo que por la combinación del calor con olores fuertes que había. Aquel lugar olía a pescados, a mariscos, a pollos muertos y a pollos vivos (los pobres casi tan asustados como yo)... y muchas más de cosas que tampoco olían muy bien que digamos.

En ese Mercado también se vendían frutas. Algunas muy maduras abiertas y cubiertas totalmente por moscas. Las mismas moscas que décadas después, el día de mi salida de Cuba, un amigo comentó sobre ellas: «son lo único realmente alegre que queda aquí».

Muy diferentes sentimientos me producen los cementerios. Quizás porque estaba contagiada con espíritu de lechuza que, según mi mamá, tenía Yeyi. Como buena habanera, cuando hablo de Cuba, hablo de La Habana, para ser más exacta de «mi Habana». Dicen, no sin un «tín» de verdad, que los habaneros vivimos extasiados mirándonos el ombligo en esto de creer que La Habana es el centro de todo. Quizás no sea el centro de todo-todo pero sí es el centro de nuestro universo histórico, de nuestra infancia. Por eso es materialmente imposible pedirle a una «aborigen» de El Vedado que no hable del Cementerio Colón. Porque era imposible escapar de su impresionante belleza y de las increíbles leyendas que guardaba.

La necrópolis Cristóbal Colón o el Cementerio de Colón, fue fundado en 1854 después de cerrarse el Cementerio de Espada. Es un enorme terreno de aproximadamente cincuenta hectáreas, repleto de estatuas y valiosos monumentos arquitectónicos, hechos en su gran mayoría de mármol o granito. En películas, revistas y documentales se hace un merecido homenaje a la majestuosidad de sus esculturas y de sus numerosísimos y suntuosos panteones y capillas, decoradas con columnas, arcos y vitrales.

Ya en los años cincuenta, Yeyi había descubierto instintivamente su belleza, sin imaginar ni remotamente que décadas después la UNESCO lo declararía Patrimonio de la Humanidad, por sus indiscutibles obras de arte.

De mi casa al Cementerio apenas nos separaban unas cuantas cuadras, teniendo en cuenta que su portón principal está en la calle Zapata. Por aquellos años nuestro Cementerio era considerado el mayor de la América.

Durante el día era un lugar especialmente luminoso. Los rayos del sol al chocar con las estatuas de mármol estallaban, fragmentándose en mil luces dando la sensación de que aquellas figuras tenían luz propia. Lo mismo ocurría con la gravilla de los caminos, que brillaba bajo los reflejos del sol.

En la entrada se alza un imponente portón con un monumento escultórico en la parte superior. El monumento representa las tres virtudes teologales: fe, esperanza y caridad. El arquitecto español Calixto de Loira fue el encargado de construirlo, mientras que los relieves y las demás esculturas las creó el cubano José Vilalta de Saavedra.

Al traspasar el portón principal aparecía una anchísima calle central de unos doscientos metros de largo que llevaba hasta la capilla.

A ambos lados de la calle había una hilera de viejos álamos y laureles que con sus enormes raíces rompían la simetría de las aceras. No obstante regalaban al caminante una agradable sombra que los custodiaba durante un largo trecho.

La capilla está ubicada justo en el centro del Cementerio, tiene una cúpula circular con su campanario en el techo. A su alrededor hay unos escalones de mármol blanco, que permiten el acceso a la entrada adornada sobriamente por columnas. Todas las calles principales que atraviesan el amplio terreno convergían en la capilla.

Caminando dentro, por respeto, Yeyi y yo hablábamos muy bajito, lo que hacía el paseo aún más misterioso e interesante. Apenas era audible la conversación entre nosotras, y podíamos escuchar el sonido de las hojas de los árboles mecidas por la brisa. Había flamboyanes, palmas, cipreses y hasta sauces. Ese famoso «sauce llorón» que hasta canción infantil tiene. Las ramas del sauce caían lánguidamente sobre los bancos. Parecían como si se «desmayaran», dando un aspecto «triste y llorón» al árbol.

Nuestros recorridos dentro del Cementerio son unas de las más tempranas imágenes que tengo y que recordamos las dos juntas muchas veces durante toda nuestra vida en común. Refrescábamos las historias una y otra vez, hasta los más mínimos detalles.

Naturalmente aquel no era un lugar para niños. Pero por suerte esos criterios preconcebidos no iban con las ideas de Yeyi. Gracias a Dios, ella nunca los entendió, ni los compartió. Simplemente no lo veía así... y «san se acabó».

Allí gracias a Yeyi, rodeada de aquel espacio amplio e infinitamente silencioso, de manera accidental empecé a encontrar un poco... el sentido de la vida.

Años después supe que los chinos tenían su propio Cementerio en calle 26 en Nuevo Vedado.

Muchas veces pasé en la ruta 79 por frente a su entrada, cuando estudiaba medicina en el Clínico Quirúrgico de 26 y Boyeros, pero nunca lo visité. El portón principal tenía unas letras chinas y era mucho más discreto que el Cementerio de Colón.

Contaban que los familiares chinos llevaban como ofrenda a sus muertos platos con comida además de flores. Probablemente eran cuentos de camino que los habaneros difundían «a trocha y mocha». Eran extraños cuentos acerca de los vivos, muy «vivos», que entraban en la noche para darse los grandes atracones de arroz frito y mariposas fritas, rodeados de la paz de los sepulcros.

Verdaderamente amigos... «¡¡Hay gustos que merecen palos!!».

133

La familia extendida

Nina

Con nosotros en 6 y 25 también vivía Luz Divina o Liduvina, más conocida por Nina. Era hija emérita de Caraballo, pueblo de la provincia de La Habana (cerquita de Jaruco). Devota de la Santísima Virgen de la Caridad del Cobre y ferviente seguidora de Clavelito. Además era la dueña y señora indiscutible de la cocina. Había venido de su querido Caraballo junto con su hermana Esperanza a «colocarse» de cocinera.

Era chispeante, dicharachera, inteligente, bajita y flaquita. «Un penquito, una bijirita, un pitiminí golpeao» según Jacinto, y además un «tíncito» escandalosa. Era de tez blanca con el pelo castaño y lleno de «choronguitos» por su eterno «permanente» en las puntas.

Ella le daba colorido y alegría a la casa. Y sin la menor duda era la *sex simbol* del barrio. Traía loco a Manolo el carnicero, a Duffó el policía y a Eufrasio un chofer de alquiler, dueño de una piquera de carros en Lawton. No se sabía cómo, ni por qué, pero Nina tenía «tremendo público», aún siendo tan flaca, que no tenía carne ni para rellenar una empanada. Ella decía que no tendría masa, pero sus huesos sí que tenían «sustancia».

Nina, era un festival de sorpresas. Constantemente generaba un evento histérico-histórico familiar, inolvidable. Lo mismo como actriz protagónica que como actriz de reparto. Era chillona, cantarina, vehemente e impetuosa. Sin la menor duda la CMQ perdió en la cocina de mi casa a una gran actriz de carácter, tan apasionada como Raquel Revuelta y tan enamorada como Olguita Guillot. A Nina no se le escapaba ni una mosca volando. Ella estaba siempre a la viva, estaba en todas. Sus efervescentes muestras de pasión no eran nada selectivas. Recuerdo que una mañana llegó a la casa un mensajero promocionando la Coca Cola en una nueva presentación, con un nuevo envase.

El muchacho le explicó algo y le entregó con mucha parsimonia una monumental botella, inmensa, tamaño familiar de Coca Cola. De esas grandes que ahora hay donde quiera, pero que en aquellos años salían al mercado por primera vez.

La botella era de cristal transparente con tapita metálica. Todos conocíamos la clásica botellita individual de cristal verdoso, pero esta exorbitante era absolutamente novedosa. Nina al recibir «oficialmente» la Coca Cola con su nueva botella sintió que había sido «elegida por el Señor». Y al traspasar el umbral de la casa con ella en sus brazos, estaba convencida que sobre ella recaía la misión de evangelizar a la familia con el refresco.

La expectación fue general cuando atravesó la casa, todos la seguimos en silencio, tenía la apariencia de estar poseída. Ni la «guapachosa» Manchita ladró cuando la vio colocar la botella con infinita devoción en el centro de la mesa del comedor. Aquello parecía el mismísimo Santo Grial.

Horas más tarde llegó mi madre y se murió de la risa con la historia. No supe qué le resultaba más gracioso, si la explicación incongruente de Nina o la actitud solemne de todos nosotros parados alrededor de la mesa a una prudente distancia mirando aquella prodigiosa botella.

Lo cierto del caso fue que se cumplió el vaticinio de Andy Warhol en El Vedado (antes de que lo dijera) Aquella botella de Coca Cola «tuvo sus quince minutos de fama».

Manchita y Nina me enseñaron a caminar. Para ser fiel a la historia, más Manchita que Nina, a juzgar por los cuentos de Yeyi. Habitualmente los niños caminan aproximadamente a los nueve meses, yo ya estaba a punto de cumplir un año y no mostraba el menor interés por empezar. Aquello se convirtió en una cuestión de honor y de amor propio para Yeyi y Nina. Después de muchos intentos infructuosos para que caminara, pensaron en explotar mis vínculos afectivos con Manchita, con quien yo compartía merienda y hasta la siesta.

Las dos estaban convencidas de que la perrita sería el estímulo perfecto para despertar mi deseo de andar. Entonces diseñaron la estrategia de que Manchita caminara delante de mí, mientras Nina con una escoba de millo iba barriéndome los pies, para darme fuerzas (¿a escobazos?). Yeyi por su parte iba detrás para tratar de amortiguar los sonoros culazos que me daba con cada caída y me cantaba aquello de «Sana sana, culito de rana, sino sana hoy, sana mañana».

El show debió haber sido lo más parecido a una comparsa en pleno portal de 6 y 25. Pero, carnaval y relajo aparte, tengo que admitir que la estrategia funcionó y finalmente para honrar aquel grandioso esfuerzo caminé.

A Nina le apasionaban las «prendas» y tenía su joyero personal. Un polaco propietario de una tienda de retazos en Muralla. Aquel joyero polaco la hacía muy feliz cuando llegaba con sus prendas envueltas en unos paños de fieltro oscuro. Abría sin prisa los paños y allí aparecían todo tipo de medallitas, cadenitas, manillas y anillitos. Joyas que después pagaba ella religiosamente, a plazo. Nunca supe realmente si el joyero de Nina era en realidad polaco. Porque en esa época en Cuba los extranjeros eran solo: gallegos, chinos y polacos. Y obviamente polacos eran todos, aunque vinieran de Alemania o Australia, «da iguá».

Jacinto

Era un personaje entrañable, era el jardinero, y estaba tan bien en su papel que hasta nombre de flor tenía. Pero además, con un rango especial a nivel familiar y es que era el novio de Yeyi. Tenía un carácter maravilloso, era un negrito bajito muy alegre, bailador, cantarín y con la sonrisa más blanca y luminosa de El Vedado y pueblos aledaños. Al reír abría la boca de oreja a oreja, dejando ver una dentadura perfecta. Ramón decía que en una noche oscura con la boca abierta de Jacinto se iluminaba la calle 23 hasta el Morro.

Fue el primer optimista que conocí. Ante cualquier dificultad en el jardín siempre reía, e inmediatamente ponía manos a la obra. Todo lo resolvía sonriendo en un abrir cerrar de ojos. Tenía un maravilloso sentido del color y armonía. Era un artista, un paisajista nato. Jugaba maravillosamente con las plantas y su follaje, mezclándolo todo a su buen saber y entender.

En navidad recortaba los laureles convirtiéndolos en verdes campanas. Jacinto con su buen gusto era el responsable directo de que la casa de 6 y 25 tuviera «el jardín de las maravillas» como lo bautizó Estilita, la maestra jubilada.

Olivia y Ramón

Como población flotante estaban Olivia y Ramón. Ella era la negra más linda que he visto en mi vida. Le encantaba oír el radio cuando iba a casa para lavar y planchar «las menudencias», esas ropas que no iban a la tintorería. Era admiradora furibunda de Joseíto Fernández, el autor de la Guantanamera. Nina siempre «chivando» y «jerin-gando» le decía a Olivia que Joseíto Fernández «era un moco de guanajo con pantalón y sombrero». Cuando estaba inspirada en las de mortificar añadía, que con la «quijá» de Joseíto se podía comer el Parque Central con todos los leones de una «sentá».

Francamente Nina era «la pata del diablo», no creía en nadie y le aguaba el romanticismo al más pinto de la paloma.

Ramón

Era una maravilla contando y empatando una historia con otra. Era el perfecto cuentista cubano, mezclando la realidad con la fantasía. Uno nunca sabía donde empezaba una y terminaba la otra.

Siempre oliendo a «esencia» de Lavanda, muy limpiecito. Usaba unas camisas tan almidonadas que parecían de cartón.

Cuando Ramón llegaba a la casa yo me le pegaba como un chicle para oír sus historias y sobre todo oírle reír a carcajadas. Era lo que Yeyi llamaba un «negrazo». Un hombre muy alto, corpulento, calvo, fuerte como un gigantesco genio escapado de la mágica lámpara de Aladino. Un mago que todo lo arreglaba

Contrastando con su tamaño estaba su trato dulce y cariñoso. Tenía una simpatía arrolladora que le generaba muchas admiradoras en la cuadra y hasta en el barrio «Pan con Timba». Allí cerca de la raspadura de Martí, vivían unas amigas peluqueras de Yeyi y Nina que «planchaban pasas» y estaban locas porque Ramón les hiciera caso.

Aún recuerdo las carcajadas de Ramón en la cocina haciendo chistes con Nina y Yeyi. Él hacía que la vida se adornara con risa y la risa rodara por toda la casa.

Estilita

Era la vecina de la casa de al lado por la calle 25. Estilita había sido una maestra de escuela primaria por más de 38 años. Ya estaba jubilada y con sufi-

ciente tiempo y deseo para dedicarse voluntaria-
mente a enseñarme a recitar poesías de Martí y a
cantar el himno nacional.

Cuando Estilita estaba lista para la clase le avisaba a Yeyi para que me llevaran a su casa. Entonces me cargaban y yo volaba por encima de la baranda que separaba la casa de la anciana maestra
del jardín de la nuestra. Del otro lado me recibía
Esperanza la hermana menor de Nina que trabajaba allí.

Nada recuerdo más aburrido que mis visitas a
esa casa. Allí no había nada entretenido, ni perro,
ni jicotea, ni pajarito, nada interesante. No obstante
con resignación y estoicismo intentaba memorizar
aquellas letras de poesías, que no tenían para
cuando acabar, ni tenían ningún sentido para mí, a
los tres o cuatro años. Lo único ligeramente atractivo que tenía era un piano en la sala, al lado de una
bandera cubana. Las pocas veces que abría el piano era para cantar el himno nacional.

Una vez le oí decir a Nina que Estilita era «refunfuñona y cascarrabias» porque se había «quedado para vestir santos» y por eso amanecía con el
«moño virao»... Desde entonces menos me gustó la
idea de ir a su casa, no fuera a ser que tocando el
piano «se le virara el moño de mala manera» y le
saliera todo lo de refunfuñona pá fuera.

Mascotas

En mi niñez recuerdo pocas casas sin mascotas. Por la mía desfilaron toda suerte de perros y gatos con un infinito repertorio de nombres algunos más o menos acorde a su historia. Así llegó el gato Pomponio, Serafín el perro mocho, Maricusa la perrita pelúa comprada en el portal de Galiano. Perla, la lindísima gata blanca experta cazadora de ratones. Carolina la gata barcina que apareció medio muerta en un latón de basura y se recuperó tanto que trepaba los árboles y hasta caminaba por los cables eléctricos.

Yeyi siempre estaba escoltada por perros y gatos. Y era habitual oírla en la cocina echando las grandes «parrafadas» con las mascotas de turno. Especialmente cuando nos mudamos al Reparto Kohly, cerca de mi escuela el Phillips School. Ya por entonces no eran solo nuestras las tardes. Ya no estudiaba yo ballet en Pro Arte. Ahora iba a la Academia de Ballet Alicia Alonso, que estaba en la casa de Guillermina frente al parque Kohly, al doblar de mi casa.

Ya en esos años tenía otra «tata» más joven, Albertina. Yeyi entonces se dedicó más a su selecto equipo de perros y gatos que le seguían a todos la-

145

dos, fieles a su amor. Si ella estaba en la cocina, los perros estaban acostados en el rellano de la escalera de la terraza vigilando sus movimientos. Si caminaba hacia algún lugar de la casa, la acompañaban, precediéndola en avanzada, delatando así involuntariamente su presencia. Alguno incluso miraba constantemente hacia atrás para asegurarse que ella venía.

Un día alguien trajo a la casa un precioso cachorrito negro un Cocker Spaniel, pero en realidad se le salía «el refajo», no era de pura raza. El perrito llegó cuando ya Manchita se había convertido en una «señora mayor con canas». Vino traumatizado por el nombre que le habían puesto Fue para él terrible soportar la humillación de llamarse Wendy, nombre de niñita inglesa, siendo en realidad un perro-macho-varón-masculino negro y latino.

No obstante su simpatía y sus dotes de saltarín fueron reforzando su autoestima, y atrás quedó para siempre su inseguridad por el nombre. Sin embargo Wendy fue un perro muy romántico, o quizás fue gay. Le gustaba caminar por el jardín entre margaritas, lo hacía sin estropearlas. Al final terminaba con todo el pelo enredado en cuanta hojita seca o guisaso pelúo encontrara en el camino.

Manchita no siempre estaba de humor para compartir juegos con el revoltoso e irrespetuoso cachorro. No obstante puedo asegurar que sus relaciones fueron «término medio con papas». No hubo grandes problemas porque su amistad se basó en una auténtica coexistencia pacífica.

Operación a la vista

Todo hacía pensar que aquella sería una tarde como otra cualquiera, hasta que llegó a la casa mi abuela Graciela, recién operada. Mi abuela materna fue una de las primeras cubanas en hacerse la cirugía plástica de la cara. Su intención de estirarse había sido un secreto de estado. Ni mi madre que era su única hija supo de su decisión con anterioridad.

Al llegar del hospital mi abuela sin previo aviso, se asomó poco a poco a la puerta de la calle sin articular palabra. Con la luz del sol de fondo, ante nosotros se proyectó una oscura imagen con forma de zepelín, que iba aumentando poco a poco al acercarse, hasta llegar a ocultar el sol casi por completo.

Era un enorme globo, como el bombillo de Carlitos kilowatts, pero cien veces más grande. Era como una gigantesca piñata. Fue todo tan inesperado, tan repentino, como aterrador.

La grandiosidad de aquella cabeza envuelta en apósitos, algodones y gasa había tomado dimensiones inimaginables. Llegó a tal grado, que parada en el medio de la puerta sus vendajes rozaban los marcos de la puerta. Estoy segura de que aquel vendaje fue la ruina del cirujano.

Aquello si era ciencia ficción pura y dura en El Vedado... con Oscar para los efectos especiales. Su presencia causó un efecto paralizante. Quedamos petrificados sin saber si aquello podía explotar. Todos enmudecimos y aguantamos la respiración. El silencio fue absoluto.

Nina fue la primera en reaccionar diciendo: «¿Pero qué coño es esto?». Nadie respondió, nadie parpadeó. La respuesta fue otro silencio sepulcral.

De repente llegaron los perros Wendy y Manchita despistados, «mirando pá los celajes». Cuando de pronto se encontraron frente al fenómeno. «¡Y ahí fue cuando la mula tumbó a Genaro!» Manchita con los ojos muy abiertos frenó en seco y Wendy saltó sobre sus cuatro patas y cayó sobre Nina que rápido lo empujó al suelo.

Lo que se armó allí fue la de San Quintín... Los dos formaron un salpafuera de altura. Empezaron a ladrar y aullar sin parar como locos, como nunca. Los dos querían ladrar y correr a la vez. Y en la medida que mi abuela caminaba hacia ellos los perros cada vez más aterrorizados saltaban por encima de los muebles ladrando más y más, hasta se le iban los galillos. ¡Aquello le zumbó el mango!

Los perros corrían despavoridos buscando una salida, que obviamente no podía ser la puerta del frente porque la tapaba la cabeza de mi abuela.

En el corre-corre tropezaron con todo lo que encontraron a su paso, tumbando todo lo que pudieron. Mientras ladraban iban reculando «pátrás» enredándose uno en las patas del otro. Así convertidos en una maraña de perros llegaron a la cocina. Cuando vieron la puerta del patio abierta, se empujaron uno contra el otro queriendo salir los dos a la vez. Desde la punta de la escalera rodaron hacia abajo hecho una bola de perros. Así llegaron aterrorizados al patio, se escondieron y no se acercaron más a la casa en todo el día.

Aquel suceso quedó grabado por siempre en la memoria colectiva de la cuadra. Fue un episodio científico-histórico que marcó un antes y un después en 6 y 25, gracias a la aparición del zepelín humano y al escándalo perruno de Wendy y Manchita.

Tiempos de juego

Las fiestas

Las fiestas infantiles en los cincuenta no eran para mí del todo divertidas, porque significaba una serie de arreglos personales que ni entendía, ni me gustaban ni un poquitico.

Los acontecimientos se iniciaban oficialmente cuando se recibía la tarjetica de invitación a la fiesta del «ojo meneado» como decía Pototo. Allí entre muñequitos y colorines venían los datos: la fecha, hora y lugar de la celebración. Al final la invitación terminaba con el consabido «te esperamos».

A partir de ese momento se iniciaban todos los preparativos para ir, léase búsqueda del regalo y la determinación de cómo iría vestida, peinada y arreglada, es decir cómo se me iba a «emperifollar» para el evento.

El regalo por regla general se compraba en la juguetería Los Reyes Magos la más frecuentada de la época. Esta tienda estaba en la calle Galiano a un costado de El Encanto y obviamente escoger el presente corría a cargo de mi mamá. De manera que yo me enteraba junto con el cumpleañero de cuál era la sorpresa el día de la fiesta. Recuerdo que en el cumpleaños de la nieta de Mario Rodríguez el regalo fue un osito. Yo quedé tan fascinada con aquel osito que malcriadísima armé una tremenda «tángana» porque quería uno igual. Después de un buen y contundente regaño todo se solventó, con el firme compromiso de que me comprarían uno al día siguiente. A estas alturas no tengo claro si se cumplió o no la promesa.

El segundo paso para ir a la fiesta dependía del lugar de la celebración, esto determinaba si me renovaban o no el *cold wave*, que equivalía al «permanente *light*». Un invento de aquellos años para darle «una vuelta» al pelo lacio. El resultado era que en las peluquerías nos llenaban la cabeza de ondas artificiales, *el boom* de la moda. Para lograrlo, el único camino, según mi padre, era hacerse «el croquinol». Así le decían en Galicia a encrespar el pelo cuando mi padre era chico. Mi abuela Anastasia iba a la peluquería en Lugo, su pueblo, allí le rizaban con calor la melena. Algo que al parecer mi abuela hacía con relativa frecuencia.

En la calle Calzada en El Vedado había una peluquería exclusivamente para niños: Tilly. Estaba adornada con figuras de muñequitos de Disney en las paredes y por donde quiera. En los salones mientras los niños esperaban su turno podían montar en un carrusel dentro de la peluquería con caballitos. Constantemente obsequiosas y uniformadas muchachas pasaban brindando en una bandeja variedad de golosinas. Así se te olvidaba por un rato lo que te esperaba. Con todo y eso, a pesar de los adornos, del carrusel giratorio y los dulces... a la hora de la verdad, cuando llegaba el turno para sentarse en aquel sillón «de sube y baja», el berrinche estaba asegurado.

No sé si el terror infantil al peluquero tiene su origen en las batas blancas de los médicos, y una asociación freudiana de historias para asustarlos con inyecciones como castigo. Otra posible razón sería el tiempo que tenía uno que estar inmóvil con el pelo mojado, mirando impotente como aquella tijera se ensañaba sin piedad con nuestras greñitas. Quitándonos de un obsceno tajo algo que por derecho propio nos pertenecía: nuestro pelito.

Después de gritar hasta terminar roncos, los niños salían de la peluquería resoplando, con los ojos y la cara roja como tomate, la ropa hecha un desastre y el pescuezo lleno de talco.

Ah, pero eso sí la cabeza digna de un premio de artesanía, llena de laca y con un peinado monísimo. Como trofeo de aquel «encuentro» desigual, en la mano llevaban un pirulí como recuerdo del drama recién protagonizado.

Francamente caballero... ¡Y con todo eso bastante normales salimos!

Otra peluquería mucho más grata y más modesta, estaba muy cerca de El Encanto. Era la Peluquería de Gualberto que con menos *bambolla*. Hacían lo mismo pero todo era muchísimo más divertido. Las muchachas peluqueras eran encantadoras Marina, Graciela y Lily, todo el tiempo sonrientes y haciendo chistes, hasta comían fritas y chicharritas. Eran sencillamente maravillosas y sobre todo con una paciencia digna de un Premio Nobel.

Una vez resuelto el pelo, venía elegir el vestido que llevaría dependiendo del lugar de la fiesta. Si era en la playa era más divertida y más simple. Pero generalmente era en alguna casa, Club o algún lugar más sofisticado.

Es meritorio aclarar que en aquella época «en ningún caso y bajo ningún concepto» la opinión de los niños era tomada en consideración. Como tampoco a la hora de decidir peluquerías, ni pelados, ni nada por el estilo. Por aquellos años se aplicaba la frase «los niños hablan cuando las gallinas mean». Y con la mala costumbre que tienen las gallinas de hacerlo todo «de un tirón», nos sometíamos dócilmente al criterio de los adultos.

Así que quisieras o no, en invierno te metían dentro de aquellos vestiditos de pana, lana de oveja o en los de «pelotercio». Los zapaticos de charol con correíta o sin correítas y las medias blancas.

La cosa cambiaba si la fiesta era en el verano. Entonces llegaba el momento de los zapaticos blancos, pero también de las sandalias. Aquellas divinas sandalias de tiritas y correítas con todos los dedos afuera, al aire libre respirando aire puro disfrutando de libertad.

En cuanto a los vestidos de fiesta veraniegos, nada había más parecido a un cake de la gran Vía que aquellas batas de niña con sus múltiples adornitos, bordaditos y figuritas que parecían merenguitos. Aquellos vestiditos de cumpleaños superaban ampliamente la ficción, tenían de todo lo inimaginable: botoncitos, encajitos, alforcitas, vuelitos, cinticas, tiras bordadas, cintas pasadas, lazos y cuanto artilugio cupiera. Las «creaciones» incluían cualquier suerte de combinaciones. Hasta había un trabajo finísimo con la tela llamado «panal de abeja».

De toda la variedad de adornos lo que era realmente escalofriante eran aquellas inolvidables batas de muselina bordada. En las fotos lucían preciosas. Eran delicadísimas, exquisitas, una verdadera obra de arte. La muselina era una tela vaporosa transparente y «con cuerpo» como decían las costureras. Su textura permitía la confección de trajes con una fantasía desbordada en adornos barrocos. Los vestidos de muselina daban la sensación de algo etéreo y angelical que jamás podría igualar el noble y modesto poplín de algodón. Así que en toda fiesta de abolengo o de «medio pelo» las baticas de muselina con sus refajitos de seda y encajitos, era una realidad insoslayable.

Meterse dentro de la oprobiosa bata de muselina era una auténtica tortura, «porque inmediatamente empezaba el pica-pica» y la rascadera. Convirtiéndose en segundos en un «señor» salpullido de «armas tomar».

Gracias a que Yeyi me «empanizaba» con talco, por todos lados, se atenuaba la irritación en la piel. Y así mal que bien podía soportar aquellas susodichas baticas que en las fotos lucían preciosas, pero eran un martirio.

Cuando ya estaba lista para la fiesta, completamente «emperifollá», me sentía como chivita de feria, con todos los «andaribeles» puestos y empavesada la cabeza con loción de *Little Lady* . De regreso de la fiesta al cambiarme, volvía el momento del entalcamiento masivo. Yeyi con la caja talco Menen y la mota blanca en mano me envolvía en una capa de talco de arriba abajo para poder dormir. Mientras Nina insistía que lo mejor era el almidón, que era más efectivo y rápido para el salpullido.

Los cumpleaños infantiles empezaban a las cuatro de la tarde y dependiendo del lugar se extendían hasta poco más o menos las siete de la noche. Las fiestas son siempre unos eventos sociales donde se cultivan las relaciones. Por eso las invitaciones venían de todos lados: de los compañeritos del colegio Phillips, de las compañeritas de las clases de ballet y de sus respectivos hermanitos; de los hijos, los sobrinos y los nietos de los amigos de mis padres; de los vecinitos, de los primos cercanos y de los primos lejanos. En resumidas cuentas, siempre había una fiesta en el horizonte. Y una amplísima variedad donde se podía escoger, había para todos los gustos.

Al llegar a la fiesta lo primero era el saludo «protocolario» a la mamá del cumpleañero. A partir de entonces se iniciaba la etapa de «búsqueda y captura» del cumpleañero para la entrega del regalo, cosa no siempre fácil. Por lo general ya la criaturita andaba «desconchinflao» y sudoroso divirtiéndose, corriendo de un lado a otro seguido de sus amiguitos. Otros angelitos que minutos atrás habían llegado planchaditos, peinaditos, bien vestiditos, perfumados y muy seriecitos. Al principio todos lucían muy bien educados, llegaban «metidos en la piña», esto es «cortados», vaya, sin confianza. Pero una vez que pasados los primeros minutos del natural azoro, todo era juego y retozo. Aquellos niños que parecían incapaces «de romper un plato, rompían la vajilla entera». Se transformaban en unos seres ruidosos, unos auténticos «gremlins».

La transmutación quizás se iniciaba cuando sus tiernas cabecitas se ponían en contacto con los gorritos de fiesta. Entonces se armaban de matracas y de pitos. Los sonaban sin parar todos juntos y a la vez. Cuentan que el escritor escocés Stevenson se inspiró en la transformación de los niños cubanos en una fiesta para escribir su novela: *El extraño caso de Dr. Jekyll y Mr. Hyde.*

El niño de la fiesta, y centro de aquel jolgorio, quería cualquier cosa menos interrumpir su participación en aquella bulliciosa turbulencia infantil para ser besuqueado, babeado y recibir una caja de regalo con moña. Caja que por supuesto ni abría, ni le interesaba saber qué había adentro. En ese momento para todos las normas sociales eran un verdadero «pujo».

No pocas veces vi niños que se negaban a entregar su regalo al cumpleañero y dar tal grado de perreta que se desplazaba toda la atención de la fiesta hacia el chiquito, el regalo y la intensa batalla que armaba el angelito.

Pasadas las salutaciones, la entrega de regalo y las carreras «sin ton ni son» empezaban los juegos y las rifas.

Dentro de todos los juegos, el del rabo al burro era un clásico. Consistía en ponerle el rabo al dibujo de un burro «sin rabo» colocado en una pared. El dibujo podía estar en tela o en cartulina. La gracia estaba en que había que ponerle el rabo al burro con los ojos vendados. El ritual lo iniciaban los adultos que organizaban una fila de niños. Al primero le entregaban el rabo con una «chinche» o tachuela para engancharlo en el fondillo del animal. Después le tapaban los ojos con un pañuelo que anudaban detrás de la cabeza. Para asegurarse que realmente no veía y especialmente pa' joder, se le daban varias vueltas en el lugar. Como resultado el chiquito medio mareado y con el rabo en la mano salía dando tumbos para cualquier lado, menos para donde estaba el burro.

Los que después de las vueltas, atinaban a llegar hasta el burro eran coreados por el resto del grupo con originales: «frío-frío», si se alejaba del fondillo del burro, «tibio» si se acercaba y si ya estaba *ahí mismo*, los gritos eran de «caliente-caliente, te quemas», naturalmente ponerle el rabo al burro aseguraba un regalo.

En uno de mis cumpleaños la hija de una amiga de mi madre de nombre Cubitica, siendo la menor de la fiesta, calculó midiendo con su manito la distancia entre el final del dibujo y el fondillo del burro. Mientras tanto los demás estábamos «bobeando» y «guanajeando» tratando de coger un buen puesto en la fila. Lo cierto fue que cuando a Cubitica le pusieron el pañuelo y le dieron las tres consabidas vueltas, se lanzó con precisión en busca del final del dibujo. Estiró su manito, calculó, hizo sus cuentas y le puso el rabo al burro justo en su lugar. ¡Genial la niña!

Antes de soplar las velitas y cortar el cake venía otro momento importante: romper la piñata. La piñata era generalmente una figura de cartón, de algún muñequito de Walt Disney. Se colgaba por lo regular en el jardín, lo suficientemente alta para que cada niño pudiera tirar de las cinticas y desprender la base de la piñata. Al abrirse sobre las cabezas de los niños, caían caramelos, pitos, chambelonas, «peters» de chocolate, matracas, sobrecitos con bomboncitos de chocolate de miniatura MM, muñequitos pequeñitos y cien mil millones de confetis. Recuerdo que días después de una fiesta yo todavía tenía confeti en el pelo.

El relajo mayúsculo se armaba buscando en el piso los caramelos. Ahí venía la empujadera, la haladera de brazos, de lazos, de pelos y de cuanta cosa impidiera que uno cogiera un caramelo. Al final los niños salíamos como pudiéramos, gateando, exprimidos como «gollejo de naranja» y a veces sin nada en la mano, pero contentos y satisfechos por tanto «despeluse».

Había también fiestas de disfraces. Recuerdo una a la que fui disfrazada de angelito con alitas, coronita, túnica larga y sandalias, de lo más mona. Como norma de estricto cumplimiento al salir de la casa y al regresar, Yeyi me ponía a hacer pipi en la sillita especial para esos menesteres. Ese día de la fiesta como de costumbre fui a cumplir mi rutina, supervisada y asistida de cerca por ella. Pero algo ocurrió que se le olvidó ponerme el «blumer». Obviamente yo era muy chiquitica, y me fui tranquila, muy feliz y sobre todo muy «fresquita» con los «países bajos» al aire libre.

La fiesta se celebraba en la casa de una amiga de mi madre y como ocurría con frecuencia, proyectaron en una pantalla películas cortas y muñequitos. A los más pequeños nos sentaron en el espaldar de un sofá que estaba pegado a una pared. Yo como los demás me senté obediente. Sintiendo un airecillo nada molesto, al que no le di mayor importancia. Terminado la proyección nos bajaron del sofá y fuimos todos al cake. Cantamos el *Happy Birthday*, se soplaron velitas y siguió la fiesta sin el menor inconveniente. De regreso a casa y cumpliendo con el orden establecido, llegó el momento de la orinadera. Yeyi se quedó «patidifusa» al no encontrar resto alguno de mi «blumer». Buscó y buscó, y naturalmente no encontró nada. Entonces saltó la posibilidad remota de que yo me lo hubiera quitado en la fiesta. Posibilidad muy fuerte para una niñita de familia de unos poquísimos años... Rápidamente se descartó la idea, a petición «popular» de Nina que siempre opinaba en todo. Fue entonces que se hizo evidente lo ocurrido. Yo había ido a la fiesta «encueruza», por un lamentable descuido de última hora. Francamente me inclino a pensar que ese día se despertó en mí la *streaper* que llevaba dentro. Aquella temprana señal pudo haber sido un presagio de un futuro muy prometedor.

Los caballitos

Allí solo había caballos «de verdad» y sus dueños eran unos legítimos *cowboys* aunque hubieran nacido y crecido en San Miguel del Padrón.

Aquellos «caballitos» eran muy queridos por grandes y chicos de la zona. Todos, todos, salvo el latoso y pujón bodeguerito Gervasio, que se burlaba llamándolos: «el *puñao de pencos*». Ya hubiera querido él por un momento, tener el placer de montarlos. Sus burlas eran por su envidia gallega, que «se lo comía por dentro».

Estaban en un terreno baldío de tierra «colorá», en la esquina de la calle 8 y 23, muy cerca de la Farmacia. Ahí ya se respiraba el aire del oeste americano. Los manejadores de los caballitos se encargaban de reforzar esa imagen usando sombreros tejanos, camisas a cuadros y las típicas botas altas de *cowboy*.

Todo empezaba a las tres de la tarde (*la hora en la que mataron a Lola*) y en los niños del barrio desde temprano hacían fila con los adultos. Algunos iban disfrazados de vaqueros para estar en ambiente.

No había la menor duda: el *western* se manifestaba de cuerpo presente en El Vedado.

Al llegar mi turno en la fila la despedida de Yeyi estaba llena de dramáticas advertencias. Parecía que me iba a una aventura espacial en un cohete interplanetario con la perra Laika. La realidad era que Yeyi realmente se preocupaba mucho y me repetía insistente y públicamente:

—Chelo agárrate bien del «taruguito» que tiene el caballito.

Obviamente a esa edad no sabía que era una clara referencia al cuerno que tienen las monturas delante, para que el jinete se sostenga. Pero no era necesario que me agarrara, los atentos *cowboys* de la calle 23 caminaban al lado del manso animal llevando las riendas «verdaderas». Porque las otras, las de «mentirita», la sujetábamos los niños con más orgullo y dignidad que el mismísimo Llanero Solitario.

Al final de la jornada aquellos hombres daban tantas vueltas por el terreno como los caballos. Probablemente de allí salió la frase de: «trabaja como caballo».

Todos los animales, o casi todos, me gustan, salvo algunas honrosas excepciones como las cucarachas y las moscas. ¡Ah!... Pero a los caballos los adoro y la sensación de montarlos es fascinante. Aquellos fueron los primeros que conocí de cerca. Tenían los ojos tristes y acariciarles la piel y la crin mientras duraba la vuelta era estar cerca del cielo.

De todos prefería a La Pinta, era la más gordita. Era blanca con manchas carmelitas y parecía un caballito de juguete porque era un *pony*. Creo que nos gustábamos mutuamente porque me olisqueaba de arriba abajo cuando me le acercaba, y tal era mi pasión y fidelidad por ella que si no estaba «mi caballito» no montaba ninguno.

Una tarde nos sorprendió encontrar el terreno vacío. Alguien comentó que ya no vendrían más. Y así fue, no volvieron. Sin embargo por muchos años quedó en aquel rincón de El Vedado el olor del cuero de las monturas y el dulce recuerdo de La Pinta, mi caballito.

Jalisco Park

Jalisco Park era lo que Austin Powers llamaría un *mini me* del Coney Island, o simplemente «un cloncito».

Era un parque de diversiones con aparatos mecánicos pero a mucha menor escala que el Coney. Para Yeyi y yo era más accesible por su cercanía a la casa, y podíamos ir a pie. Pero tenía la desventaja que sólo había cinco o seis aparatos para el disfrute de niños menores de 12 años.

Jalisco Park estaba en la calle 23 y 18 en El Vedado, a pasos del Cementerio de Colón. Usted sólo tenía que atravesar la calle Zapata para llegar a Cementerio. De esta forma usted podía salir de un entierro y llegarse un ratico a disipar las penas en Jalisco Park. O al revés, disfrutar en los «aparatos» del parque y luego incorporase a las exequias fúnebres de un pariente lejano.

Estas originalidades las teníamos sin alarde alguno, con absoluta modestia en La Habana. Haciendo así realidad la frase: «*Cosas feredes Mío Cid que harán falar a los muertos*».

Otra diferencia significativa entre los dos parques de diversiones lo era el suelo de uno y otro lugar. Casi todo el piso de Jalisco estaba cubierto de gravilla. Era una verdadera tragedia cuando se iba en sandalias. Porque entre los dedos de los pies se podía almacenar cualquier cantidad de piedritas, treinta y tantas como pocas. Eso sin exagerar, claro. En el Conney entre máquina y máquina había caminos cementados, unas verdaderas callecitas, aunque a veces apareciera alguna que otra zona de gravilla.

Los aparatos en Jalisco eran: la estrella, los barquitos, unos avioncitos, una pequeña montaña rusa y unas maquinitas que unidas unas con otras giraban en círculos. Entre estas maquinitas había una que era la manzana de la discordia entre los «fiñes»: el carro de bombero. Naturalmente era rojo y tenía una campana sobre «el capó» que sonaba al tirar de un cordelito. Por poder tocar la campana se armaba diariamente más de un lío, que terminaba en «perreta» de alguna que otra criaturita, con la consecuente nalgada «pedagógica».

También estaba el carrusel con sus caballitos tiesos que subían y bajaban y aquellos carruajes inmóviles, sin emoción alguna. Para amenizar, de fondo se oía una música mejicana a todo volumen, con la secreta intención de amortiguar la gritería de algunos niños y también de algunos padres.

La montaña rusa era chica, apropiada para niños pequeños. Iba muy lenta, no obstante era divertida, no sólo porque daba varias vueltas, sino porque se le decía adiós desde las alturas a todo el mundo. A los que estaban en el parque, a los carros que pasaban por la calle, y hasta le decíamos adiós a los que estaban en el cementerio.

El costo por montar cada aparato era de diez centavos cada uno. Después de media hora si no estaba el parque muy lleno, ya se habían montado todos los aparatos.

La atracción entonces era ver el espectáculo de cómo se hacían los algodones de azúcar.

En una gran paila metálica, parecida a la batea de lavar ropa que usaba Olivia, se regaba azúcar blanca. La batea se movía constantemente y el operario iba dándole vueltas y vueltas a un cucurucho de papel. Así con el cucurucho se iba desprendiendo de las paredes de la batea unos filamentos blancos de azúcar. El modesto cucurucho, en segundos, se iba vistiendo como una esponja gigantesca de puro dulce. Terminado el proceso venía lo bueno, el ansiado momento de zamparse el algodón y el temido momento del «embarre-embarre». Los algodones de azúcar eran siempre muy grandes y al acercarlos para comerlos se le pagaban a uno los pedazos en el pelo, en la nariz, en la oreja en la mano, en la ropa... hasta en el «pipisigallo». Finalmente terminaba uno envuelto en aquella melcocha, formándose una tremenda «cagazón». La más dulce «cagazón» que recuerdo en mi vida.

En otra esquina de Jalisco vendían churros que también fabricaban delante de los clientes, pero su fabricación era diferente. En un recipiente había una mezcla de harina espesa y blanca. De ahí se echaba en una máquina, parienta lejana de la máquina de moler carne. La mezcla iba saliendo por los huequitos y caía en una enorme cazuela con aceite hirviendo. Mientras caían los «tubitos» de la mezcla en el aceite caliente, se iban formando círculos y círculos de esos tubitos, hasta que el «churrero» decidía parar la cantidad. Ya para entonces aquellos tubitos de mezcla blanca se habían convertido en unos dorados y crujientes churros. Los círculos de churros se cortaban en pedazos con una tijera. (¡Ay Dios mío! ¡Se me hace la boca agua!) Era entonces cuando el «técnico» agarraba un cartucho de papel y allí echaba unos cuantos trozos calienticos. Luego los espolvoreaba con azúcar blanca, dándole el toque final. ¡Señores qué delicia aquellos churros acabaditos de hacer!

El Coney Island

El Coney Island estaba en la Quinta Avenida en Marianao, poco antes de que empezara el área de los clubs. Desde una cuadra antes se podían ver las curvaturas imponentes de la montaña rusa. Y de noche miles de foquitos de colores dibujaban la silueta de aquel impresionante «monstruo».

A la entrada El Coney tenía una pequeña arboleda que daba una discreta sombra al letrero del parque. En realidad más que un parque de atracciones era «una ciudad de diversiones» monumentalmente llamativa. Estaba repleta de grandes aparatos mecánicos y kioscos. Tenía calles que llevaban a los diferentes centros de máquinas de diversión: para niños, para niños con adultos y para adultos exclusivamente. Además tenía muchas casitas de misterios y sorpresas. La casa de los espejos era un lugar laberíntico. En los espejos se reflejaban la figura de uno distorsionada, de múltiples formas diferentes: todas muy raras y algunas muy cómicas.

Entre los aparatos y los juegos habían muchos timbiriches del tiro al blanco y lugares especiales para retratarse. Sólo tenías que meter la cabeza por

171

un redondel, detrás de figuras en cartón o de *plywood* y en la foto salía tu cara como parte de diferentes imágenes cómicas. Lo mismo podías ser uno de los novios en una boda, o ser parte de una familia de gordos en trusa en la playa y así una variedad de dibujos con diferentes situaciones humorísticas. Lo único real en la foto era tu cara dentro de un cuadro con caricaturas pintado con mucho humor.

En fin que aquel lugar era una verdadera fuente inagotable de entretenimiento para grandes y chicos.

El Coney admitía socios. Los socios pagaban nueve dólares mensuales y tenían derecho a montar los jueves todos los aparatos gratis. Allí fue la primera vez en mi vida que tuve carnet de identificación con foto de socia y todo.

Al entrar al vestíbulo del parque y frente por frente a los visitantes, había una gigantesca y grotesca muñeca con una cabeza inmensa. Estaba vestida con un traje floreado «picuísimo». Tenía una boca roja grande, llamativa y no paraba de reír, moviendo su enorme cabeza de alante a atrás. Francamente era un espectáculo imponente. Algunos niños curiosos se acercaban y le levantaban la saya, pero la mayoría o pasaban «a mil» por delante de ella o lloraban asustados al verla y especialmente al oírla. Creo que aquella desconcertante muñeca con su risa inmotivada tuvo mucho que ver en mi decisión (muchos años después) de estudiar psiquiatría. No tanto por la muñeca, sino por saber qué pasaba por la cabeza del que decidió ponerla justo a la entrada de un parque de diversiones.

No me interesaban ni la casa de los espejos, ni las gitanas con sus bolas de cristal y sus pelos largos grasosos, ni los tiros al blanco, ni las sillas voladoras, ni aún el pulpo. Sin embargo me gustaba la altísima estrella, a pesar de la sensación de desamparo que sentía cuando quedaba suspendida en el aire con aquel asiento moviéndose. Mientras abajo el operario con una pachorra envidiable ayudaba a subir o bajar personas, ajeno a la gritería de todos los que habíamos quedado colgando en el vacío. Por cierto nunca entendí cómo podían saber con precisión quiénes montaban primero y quiénes después, para luego determinar con «exactitud» a quienes debían bajar antes y a quienes después. En ese enredo comprendí que la matemática nunca llegaría a ser «santo de mi devoción» y entendí que el Coney resultaba además un lugar de aprendizaje constante...

Mi «aparato» preferido era «los barquitos» que estaban dentro de un gran estanque redondo lleno de agua salobre. En el centro había un alto tubo de metal desde donde bajaban unos cables encargados de mover las lanchitas de madera. Tenían timón (de adorno) y flotaban dentro del estanque. Cada una tenía capacidad para un niño y estaban atadas una con otra formando algo así como un tren circular de barquitos. El agua del estanque era salobre, probablemente de la playa, del club La Concha que estaba detrás del parque. Los barquitos eran uno de los aparatos más solicitados por los niños. La mayor atracción era meter la mano dentro del estanque y poder tocar las ondas de agua que producían al moverse los barquitos en círculo.

La mayoría de los niños mayores de cinco años lo que más disfrutaban eran los carros locos. Aquellos carros pintados de colores llamativos que en sus puertas tenían figuras del pato Donald, Pluto, Mickey y todos los queridos personajes de Disney, auténticos dueños de las fantasías infantiles. Para entrar al carro loco no era necesario abrir la puerta.

Yo siempre que iba montaba con mi papá. Él era un magnífico chofer, quizás por eso se la pasaba tan bien.

Detrás de los asientos los carritos tenían un tubo metálico conectado al techo del lugar. A través del tubo los carritos recibían la electricidad que le daba energía, «vida» para moverse. El juego consistía en chocar a gran velocidad y sorprender con el «topetazo» a uno que estuviera «comiendo mierda», «pensando en las musarañas» o «mirando pá los celajes». La gracia era cogerlo totalmente desprevenido. Lo interesante de esto era que nadie se ponía bravo, al menos aparentemente...

Después del choque «la víctima», a la que «el

leñazo» le había removido hasta la tapa de los sesos, miraba dulcemente al victimario, pensando internamente sapos y culebras de él. Y a partir de ese momento se iniciaba una persecución implacable, tratando de coger al «H.P.» distraído y devolverle el «porrazo».

Aunque en la mayoría de las veces, en el interín encontraba a otro carrito con el chofer «comiendo trapo a dos manos», o «en belén con los pastores», o «con la cabeza llena de agua con pececitos». Y cambiaba el objetivo.

La algarabía de los niños y sus padres, el ruido de los constantes carros chocando, las risas contagiosas de todos los que participaban de ese «megaalboroto» infantil, hacían de los carros locos uno de los juegos más divertidos y de mayor demanda.

También había varios lugares de tiro al blanco. Mi papá presumía de una gran puntería, consiguió dar en la diana alguna que otra vez, ganándose siempre un pájaro loco de goma como premio.

Sin embargo la reina indiscutible del Coney era la montaña rusa. Era sin discusión la joya de la corona del parque. A mi padre le encantaba, y yo lo acompañaba subiéndome con él a aquel carro rojo que tenía aproximadamente unas seis hileras de asientos con capacidad para dos personas cada uno. Por precaución mi padre siempre cruzaba su brazo por delante del mío, de forma tal que la fuerza de la inercia y los sube y baja del carro no me fueran a sacar del asiento. Era divertida la sensación del aire frío que chocaba en la cara cuando el carro bajaba.

Llegábamos a estar tan alto que casi podíamos verle los culitos a los angelitos. Y si estirábamos las manos, cuando menos alcanzábamos a las estrellas que adornaban la noche habanera.

Siempre me imaginaba la cara que pondría Yeyi el día que le llevara un cartucho estrellas solo para ella. Seguro que iba a estar mucho más contenta que cuando vio el globo de gas que Lolita me compró en el circo Ringling.

EL circo Ringling

La llegada del circo Ringling a La Habana era todo un acontecimiento social y asistir a sus funciones era algo por demás inevitable. Siempre iba con Lolita mi madrina que disfrutaba mucho más del circo que yo.

La enorme carpa roja del circo se colocaba en el terreno que estaba al lado del Hotel Riviera en El Vedado, cerca del malecón. En aquel circo había cuanta cosa inimaginable podía usted esperar, porque era un circo «a todo dar». Tenía, acróbatas, malabaristas, orquesta, animalitos chicos y animalitos grandes, todos amaestrados y otros muchos etcéteras.

Inexplicablemente nunca me han gustado los circos. Pero los payasos del Ringling me gustaban, siempre tan bobos, tan graciosos y tan contentos, en fin tan payasos. Con sus narices rojas, sus pelucas naranjas y sus llamativos trajes lumínicos, eran deliciosos. Recuerdo que en uno de sus shows cuando todavía no había terminado el acto de magia, de repente entró a la pista un pequeñísimo carrito rojo con cinco payasos. Naturalmente no cabían dentro y llevaban más de la mitad del cuerpo por fuera del carrito. Detrás de ellos corría desaforadamente otro payaso gordito y vestido de marinero con sombrerito y todo. Venía corriendo y sonando una trompeta, con gran aspaviento. Casi al alcanzarlo, el carro sorpresivamente empezó a echar humo, ante la mirada atónita de todos. El pobre marinerito asustadísimo fue entonces a buscar una manguera para apagar aquel «fuego repentino». Pero la sorpresa fue cuando vimos que en lugar de salir agua de la manguera salían un enorme chorro con miles de papelitos plateados, «apagándose» el incendio entre aplausos y confetis.

Fue tanto asombro entre el público infantil, que a muchos se nos escapó de las manos el cordelito que ataba aquellos novedosos y grandísimos globos rellenos de helio. Los inmensos globos no pararon en su ascenso hasta alcanzar el techo de la carpa. Mi globo se fue entre los primeros. Voló el muy ingrato en un descuido como el de Matías Pérez... hacia la inmensidad del espacio.

Al final de la función, los padres aplaudían el desfile en la pista de los artistas. Mientras la mayoría de los niños miraban y señalaban el techo de la carpa, tratando de reconocer entre tantísimos globos cual era el suyo.

Lolita siempre solícita a mis imprudentes peticiones, me compró nuevamente otro de aquellos globos excepcionales. No eran los clásicos globitos que soplaba la gente y que vendían donde quiera, con los que se hacían figuritas que hasta se paraban con zapaticos de cartón. Estos eran muy diferentes, eran grandísimos y brillantes. Eran muy originales, porque estaban llenos de gas y duraban días y días «milagrosamente» inflados.

Así pasó con el que me llevé a la casa, para el disfrute de Yeyi y el alarde incontenible de Nina, que lo enseñó con orgullo a «Vicente y toda su gente». No hubo ser humano que asomara una oreja por los alrededores de la casa que no viera aquel globo de la mano de Nina.

Feria ganadera de Boyeros

Robertico y Boris fueron en mi niñez mis primos más cercanos. Uno mayor y más aventurero, el otro era menor que yo y mucho más cariñoso. Con los dos el entretenimiento y los juegos estaban asegurados.

Mi padre sentía especial cariño por sus sobrinos y probablemente disfrutaba más con ellos que conmigo. Él siempre quiso tener un hijo macho y no lo logró hasta que nació mi hijo Raúl. Para poder estar más con mis primos, él nos llevaba a los tres a las ferias ganaderas de Rancho Boyeros.

Allí se exhibían diferentes razas de ganado y era bonito ver los terneritos en unos improvisados corrales. Allí pastaban y muchas veces se les veía junto a sus respectivas mamás vacas. También había rodeo bajo un sol despiadado, con jinetes que enlazaban reces y realizaban piruetas en unos maravillosos caballos.

Una de las cosa que más interesante hacía la Feria para mí era el kiosco donde vendían bolsitas de papitas fritas y leche con chocolate Borden en envases de cartón individual.

El Zoológico de La Habana

Siempre fui amante del Zoológico. Llegué al punto de no molestarme la peste a mono que se olía a 3 kilómetros antes de llegar a la pequeña rotonda de la entrada.

Desde que veía los tres venaditos subiendo el risco (de la escultora de Rita Longa), empezaba mi fascinación y mi deleite por aquel maravilloso parque. Me emocionaba entrar y mirar los estanques donde nadaban los cisnes blancos, cisnes negros y diferentes tipos de patos, más chicos, más grandes, con plumas y picos de diferentes colores.

Cerquita de aquel estanque en un árbol vi por primera vez, frente a frente, a un mapache. Esos que salen en los muñequitos, que parece que tienen un antifaz y «se dan un aire» a unos ositos grises pero más «jocicúos» y más pequeños. Ellos estaban próximos a los gigantescos Galápagos, primos lejanos de mi jicoteita Tula. Un poco más lejos había muchas jaulas una al lado de otra. Dentro de ellas, meciéndose e ignorando totalmente a los visitantes estaban *los monísimos* monos. Confieso que la gran mayoría de los visitantes mirándolos desde fuera de las jaulas, éramos mil veces más chillones e inadecuados que ellos.

El foso de los leones estaba casi en el centro del parque. Los mirábamos con prudencia desde la distancia, a través de una cerca peerles doble. Parecían unos preciosos e inofensivos juguetes de peluche. Al fondo de ese amplio y rocoso terreno amplio estaban sus jaulas. Me encantaban los elefantes. Bueno el elefante, tampoco es para exagerar, solo recuerdo uno. Y las llamas, esas si eran varias y muy dulces y bonitas. Pero en realidad la jirafa y los flamencos rosados eran para mí las estrellas del parque. Podía quedarme horas mirándolos, era un espectáculo sencillamente maravilloso.

Las jaulas de las aves eran inmensas. Todas unidas daban una forma circular, con divisiones para cada especie. Había gran variedad de pájaros: águilas, papagayos, cacatúas, gavilanes, cotorras, tucanes, gavilanes que siempre tenían un gran alboroto.

Uno de ellos era realmente impresionante. Estaba solo en una jaula grande y espaciosa con un tronco seco, era un cóndor. Cuando aquel animal estiraba las alas, la imagen era aún más terrorífica si cabe. No me gustaba nada y si chillaba, desataba el efecto multiplicador del terror. Creo que se oía más que el rugido del león. Tampoco me gustaban las serpientes por su aspecto horroroso, ni el aullido de las hienas, que por cierto no olían muy bien que digamos.

El Zoológico tenía además un parque infantil con piso de arena y con cachumbambé, canales, hamacas y mil cosas más.

Por las callecitas del Zoológico caminaban vendedores de maní, globos, dulces y otras chucherías, aunque el parque también tenía una cafetería central.

El Carnaval de La Habana

Mis padres viajaban frecuentemente al exterior. De regreso de uno de sus viajes a México y en víspera de los Carnavales trajeron como siempre souvenirs para toda la familia. A Nina y Yeyi les trajeron unas sayas de color rosa-fucsia que al sacarla de la maleta iluminaron toda la habitación. Además unos chalecos de lana rosado chillón con flecos de igual color que pocas semanas más tarde eran el encanto de Manchita.

A mi primo Robertico y a mí nos trajeron unos auténticos trajes típicos mejicanos que naturalmente estrenamos en el primer domingo de carnavales.

El Carnaval de La Habana era una enorme fiesta popular, multicolor y multirracial donde se mezclaban música, carrozas, farolas, luces, lindas muchachas y sobre todo muchísima bulla. Esa bulla que sólo los cubanos saben armarla en un momento de sano esparcimiento familiar.

Mi traje de mejicana me quedaba grande y mi abuela Graciela le quitó de largo, de ancho y de cintura, nada que hubo que prácticamente hacerlo de nuevo. La saya era de lentejuelas con la figura de un águila al frente. Venía además con una estola y una banda que se anudaba en la cintura.

El traje de mi primo Robertico era todo un espectáculo. Como decía Yeyi con sombrero mejicano «y tó cuento». Con el sombrero puesto parecía un hongo de sombrillita. Y así fue disfrazado de «puritito» charro, con chaqueta y pantalón recargados en adornos dorados a juego con el sombrero.

A mi primo siempre lo pelaban «a la malanguita», porque siempre fue de pelo pincho, «engrifao», como los gatos peleones. Ese día a pesar de toda la vaselina que le puso mi tía Marta, los pelos estaban enardecidos e irredentos, no hubo forma humana que se aplacaran un poquitico.

No obstante así nos sentaron atrás del carro descapotable de mi padre, los dos encima de la capota. Íbamos más asustados que contentos, con toda aquella algarabía. Mis padres llenaron el asiento de rollos de serpentinas y bolsitas de confetis. Nos pasearon por el Paseo del Prado. Allí Germán Pinelli con las cámaras de CMQ transmitía los paseos del Carnaval Habanero.

Por el camino desde otros carros nos tiraron toda suerte de caramelos, confetis y serpentinas.

Al final regresamos a la casa «premiaos» con pitos, matracas, caretas, antifaces y «el copón bendito». Tarecos todos que guardamos, por si las moscas, porque en la vida uno nunca sabe cuando hay que disfrazarse otra vez...

185

Paseo en las Tardes

Tardes de paseo

Hoy día todo el mundo tiene prisa por llegar, no se sabe a dónde, pero cuanto antes mejor. Y en esa constante prisa cometemos el sacrilegio de pasar por alto el encanto que esconde lo cotidiano. Eso que vemos «por encimita» a vuelo de pájaro, en el mejor de los casos. Eso que habitualmente no tenemos tiempo de apreciar en su verdadera dimensión.

En aquellos años cincuenta todas las tardes salíamos de paseo después de dormir la obligada siesta, con o sin sueño.

La preparación del paseo era un momento trágico por dos sólidas razones. Primero porque me despertaban después de haberme logrado dormir. Y segundo porque nunca, nunca, pero nunca, soporté el ultraje y la ignominia de tener que meter los pies en aquellas horribles boticas de cordones de «cuello alto». Eran de tan mal gusto que podría caer dentro del «maltrato» psicológico a menores.

Una vez terminado mi acicalamiento, salíamos. Y caminábamos las dos, calle arriba y calle abajo, siempre de la mano, muy juntas como toda la vida. Nuestro recorrido lo determinaba Yeyi en plena marcha. Aunque a decir verdad nos deteníamos a cada paso, es que con sólo salir a la calle aparecían miles de cosas interesantes. A veces era algo ya conocido y otras por algo recién descubierto. Ramón decía que éramos como la ruta 28, con parada fija en todas las esquinas. La tarde desgranaba sus encantos frente a nosotras. Cualquier cosa destapaba en mí un interrogatorio en avalancha, una longaniza de preguntas que no tenía para cuando acabar. A veces ni esperaba la respuesta, la cosa era preguntar por preguntar, era joder por joder, a esa edad sanamente.

La Habana tiene dos Paseos importantes: el Paseo del Prado, custodiado por las legendarias estatuas de los leones y por donde en los años cincuenta desfilaban carrozas y comparsas del Carnaval habanero. Y la calle Paseo en El Vedado a dónde íbamos nosotras, las dignas herederas del Andarín Carvajal.

La calle Paseo en El Vedado, haciéndole honor a su nombre, tenía una franja de acera con unas estrechas áreas de césped y árboles a uno y otro lado del camino. En la acera había unos bancos de hierro y madera empotrados en unas caprichosas curvas del pavimento. Eran divinos aquellos bancos con espaldar pintados de verdes que parecían escondidos entre setos de florecidas matas de «no me olvides».

El primer encuentro con los avances de la ciencia y la tecnología lo tuve una tarde justo allí, en la calle Paseo. Fue un descubrimiento impactante, por primera vez vi un yoyo. Aquella cosa redonda que subía y bajaba de la mano de un niño me pareció fantástica. Más aún porque a pesar de los innumerables intentos realizados por mí, nunca he tenido la habilidad de hacerlo subir y bajar como Dios manda.

La Avenida de los Presidentes o la Calle G corría paralela a Paseo y estaba sólo a una distancia de varias cuadras de mi casa. Esta avenida debe su nombre a las estatuas de varios de los presidentes de la República de Cuba. Allí estaban desde la escultura a don Tomás Estrada Palma, bien cerca del Malecón, hasta el deslumbrante monumento dedicado a José Miguel Gómez ya más cerca del Castillo del Príncipe.

En el camino encontrábamos numerosísimas matas silvestres. Desde las tímidas «brujitas», pariente lejana del tulipán holandés. Esa que sale, crece y se desparrama jubilosa por donde quiera después que llueve, hasta las enredaderas de coralillo y las olorosas picualas.

Por las orillas de la acera crecía sin permiso, y muy feliz «el saltaperico», con sus campanitas lilas. La «escoba amarga» que aparecía donde le daba la gana. Y haciéndole honor a su nombre con sólo rozarla dejaba en la mano un sabor amargo dificilísimo de quitar, para colmo costaba «Dios y ayuda» arrancarle un gajito. Sus tallos parecían hechos de alambre verde.

Me encantaba el revienta caballo con sus «puchitas» de colores naranja, amarillo y rosado. También el romerillo, esas margaritas famélicas que servían hasta para hacer té. Y la más simpática de todas, las adorables «dormideras». Esas maticas rastreras con hojitas tan sensibles que con solo acariciarlas se cerraban como un diminuto abanico. Naturalmente que una ciudad maravillosa tenía que tener una «mata de maravillas». Nuestra mata de maravillas tenía flores de diferentes colores. En algunas plantas las flores eran de un solo color (rojo, fucsia, amarillo o blanco) pero en otras sus pétalos estaban matizados con infinitas combinaciones. Las florecitas tenían la peculiaridad de producir un silbido cuando las soplaban por el pedúnculo, algo que encantaba hacer a los varones. Es tan original esta matica que sus semillas parecen unas pequeñísimas granadas militares.

Las calles de El Vedado se caracterizaban por tener unos frondosos árboles que sombreaban sus calles. Por toda la calle 25 hasta llegar a Paseo, los álamos eran los más abundantes. Las hojas de los álamos tienen forma de corazón y el sol filtraba sus rayos entre ellas proyectando unos claroscuros en su follaje verde «chartré».

Los laureles daban una sombra mucho más tupida y compacta. Y eran una auténtica fuente de diversión cuando en la acera aparecían miles y miles de pequeñísimas fruticas de color rojo.

Las fruticas se desprendían del árbol y casi *ta-pizando* la acera. Con ese reguero de bolitas rojas en el piso Yeyi y yo hacíamos fiesta «apurruñándolas» con el zapato y sintiendo el chasquido de la frutitas al estallar. Como eran muchas, al final en cada suela de zapato quedaba una pulpa de fruticas.

Era un entretenimiento no exento de riesgo, porque entre las hojas de los laureles vivían los popularmente conocido «bichitos de candela». Eran negros, pequeñitos con la nada graciosa habilidad de metérsele a uno en los ojos. En seguida producía un ardor horroroso y nos ponía los ojos «coloraos» y llorosos.

El mono de la calle 23

Para llegar a Paseo era una parada obligatoria detenernos en la casa del mono. Tanto si íbamos por la calle 25 o si bajábamos una cuadra a coger la calle 23, siempre *religiosamente* cumplíamos con el compromiso de irlo a ver. Su casa estaba situada en la calle 23 casi esquina a Paseo, frente a una cafetería y donde además había una parada de las guaguas que iban a Marianao. Pero eso era absolutamente intrascendente, para nosotras lo único realmente importante era el mono. Aquel rabilargo y ágil mono carmelita que vivía en su mundo monísimo. Totalmente ajeno al tráfico y ajeno al aspaviento que le armábamos todos desde la acera, los peatones de la zona y nosotras, que nos reíamos por todo y de nada.

Nunca vimos a los dueños del mono. Ellos le fabricaron en el exterior de la vivienda un corredor que iba de una pared otra, con una casita de madera en uno de sus extremos. El corredor tenía rejas y a través de ellas veíamos al susodicho dándose los grandes atracones de platanitos. Se zampaba de un tirón manos completas de plátanos, no sin antes quitarle la cáscara, demostrando que él era mono pero no bobo.

Él ignoraba la expectación que despertaba, jamás dirigió una mirada a su fiel y apasionado auditórium formado por los peatones de la zona y nosotras, que desde la acera nos reíamos por todo y de nada.

Con suerte coincidíamos con sus momentos de inspiración, esos en que los que practicaba sus «monerías», descolgándose de una barra metálica que había en el techo del corredor. Cuando estaba en plena actividad sus contorsiones nada tenían que envidiar al método Pilates.

Aquel era un monito «tití». No sé si realmente hay una raza con ese nombre pero era el título honorífico que ostentaba gloriosamente desde su altura.

Una tarde buscando al monito, encontramos en el cielo un precioso arcoíris. Por un momento el animalito dejó de ser el centro de nuestro universo para disfrutar de aquellos cintillos de colores. Era como si de repente se hubiera derramado una acuarela entre las nubes en forma de arco. Para rematar el impacto con broche de oro Yeyi dijo que en la punta del arcoíris había un tesoro enterrado.

Pasado el impacto por el arcoíris volvimos a estar pendientes del incordio mono, con la esperanza que nos hiciera alguna pirueta o tan siquiera nos mirara, aunque sólo fuera de «medio lao». Pero nada, aquel «lijoso», allá en la cima de su estrellato, vivía absorto entre plátanos y saltos y ni de casualidad se preocupó por saber que pasaba entre los terrícolas de El Vedado.

Una tarde ya no vimos nunca más al monito. La tristeza por la ausencia de aquel amigo «virtual» nos causó un gran vacío. Pero Yeyi rápido dijo que seguro se había ido a buscar el tesoro escondido en la punta del arcoíris... Y «Santas Pascuas Peregrinas», todos contentos.

La Gran Vía

La calle 23 me parecía inconmensurablemente grande y con un tráfico espeluznante. Yeyi, siempre precavida, aprovechaba el momento en que estuviera limpia de carros para lanzarnos a cruzarla. Ella iba rauda y veloz casi volando, conmigo a rastras. Al llegar a la acera contraria estaba convencida de haber realizado una gran proeza, cuando menos divertida.

Al lado del Ten Cent en la Calle 23, en El Vedado, había una pastelería muy famosa por su amplia variedad de dulces: La Gran Vía. Allí desde que entrabas al negocio te daba hambre, porque el olor era delicioso. En las vidrieras se exhibían los exquisitos *éclairs*, las señoritas, los pastelitos de carne y de queso, las torticas de morón, las panetelas borrachas, los pudines, tocinillos del cielo, brazo gitano entre otros. De todos, el más famoso era el cake de nata. ¡Nunca nadie lo hizo como allí!

Cuando comprábamos dulces para la casa «nos atracábamos» por el camino, acabando con medio cartucho. Lo hacíamos para asegurarnos que estaban bien hechos, naturalmente.

Calle Zapata

Cuando el objetivo era ir a la Calle Zapata atravesábamos por la calle 8 hasta llegar a 10. Desde la calle 23 hasta Zapata las aceras siempre parecían adornadas para una fiesta de primavera. Allí se encontraban las florerías una al lado de de la otra. Eran como cuentas de un collar, a uno y otro lado de la calle. Cada una repleta de preciosas flores con una variedad de colores infinita.

Francamente era un lujo poder disfrutar en vivo y a todo color de un cuadro del impresionista Monet en medio de El Vedado.

A la sombra de los portales y al aire libre las flores estaban colocadas dentro de unas cubetas con agua. Las cubetas quedaban a la altura del comprador y estaban sostenidas por unas bases metálicas que terminaban en unas largas patas flacas, también de metal.

La diversidad de las flores iba desde el genuino y elegante príncipe negro hasta toda una amplia gama de rosas: rosadas, rojas, blancas, amarillas, matizadas, rositas miniaturas etc. También había girasoles, lilas, lirios, crisantemos, dalias, gladiolos, azucenas, claveles sencillos y claveles «reventones» y claveles «moñudos», hasta incluso margaritas y extraña-rosa, gardenias, y muchas más. El aroma de las flores frescas recién cortadas daba al ambiente un toque bucólico, que contrastaba con la rivalidad feroz que había entre los vendedores. La competencia era intensa. Tan pronto veían a un posible comprador todos corrían hacia él como moscas, interceptándolo antes de que lograra poner un pie en la acera.

Los pregones eran la música de fondo de aquel espectáculo. Todas las frases «habidas y por haber» eran inventadas por los vendedores para llamar la atención. Todas eran absolutamente diferentes algunas rimaban, mezclando ingenio con ritmo y humor.

Las flores se vendían al por mayor o «al detal». Vaya, al gusto del consumidor. Pero la mayoría de la gente las compraban en macitos de a docena.

Los comercios además ofrecían servicio de diferentes tipos de arreglos florales por encargo. Los arreglos florales eran las «especialidad de la casa» y se preparaban allí mismo, en presencia o no del interesado, según su deseo.

Algunos negocios con más «caché» tenían chófer y camión repartidor para llevar el pedido a domicilio. Lo mismo si era un ramo de novia, *corsach*, *buquet*, lo que Ud. ordenara. También se hacían las coronas fúnebres, cojines o rosarios que se trasladaban hasta la misma funeraria donde estaba «el tendido». En resumidas cuentas en las florerías no había discrimen. Lo mismo le mandaban flores a su boda que a su funeral...

La amalgama de vendedores, compradores, carros circulando y algún que otro entierro en marcha, le daba a la calle un movimiento vertiginoso con una vida propia. Todos allí con su particular estilo y vigor mostraban una energía vital implacable e imparable. Esa actividad desbordante contrastaba solo a unos metros con el más rotundo y dramático silencio, al traspasar el portón del Cementerio Colón.

El primero de noviembre las florerías hacían «zafra». Era el glorioso día de los muertos y el pueblo habanero desde primeras horas de la mañana se volcaba en 23 y Zapata a comprar flores. Ninguna florería daba abasto con tantos pedidos que año tras año sobrepasaba las expectativas. Un inmenso mar de gente cubría las calles con acceso al Cementerio llevando flores blancas: azucenas, crisantemos, gardenias y rosas blancas.

Muchas mujeres se vestían de negro y las iglesias desde el amanecer de Dios repicaban sus campanas llamando a las misas de recordación. Días antes periódicos, anuncios de radio y de televisión venían destacando la conmemoración del día. Incluso la revista semanal *Bohemia* siempre en su portada reflejaba imágenes de respeto con fotos de velas y flores en homenaje al «día de los fieles difuntos».

Llegar a Pestoni

A prendí a leer en los jardines-viveros de Pestoni que estaba en la esquina de 8 y Zapata, al lado de una marmolera y frente al Cementerio.

Vivero al fin, Pestoni era una parcela de tierra cercada y llena de surcos sembrados con diferentes tipos de matas que crecían de manera nada uniforme. Aquel terreno que veíamos desde la acera a través de la cerca *peerles* no tenía ningún encanto para mí. Allí sólo había montañitas de tierra y unas pobres matas «pasmá», más o menos del mismo tamaño. Yo le insistía a Yeyi tenazmente que aquellas matas estaban enfermas, por eso se veían así «jipatas» y «penquitas». Ella, con esa incombustible paciencia que Dios le dio, respondía «que no estaban enfermas, que estaban creciendo, y que en poco tiempo ya echarían flores».

Siempre se oyen las mismas respuestas a las mismas preguntas... cuando se tienen tres o cuatro años.

Lo realmente interesante de Pestoni eran los letreros que había al inicio de cada surco. Cada letrero decía el nombre de la mata a quien correspondía la siembra. Con ellos y adivinando las letras aprendí a leer. Aquello se convirtió en un entretenido juego de palabras y combinación de sílabas, con un poquitico de trampa, claro.

Cuando aparecía el primer letrero, Yeyi decía la primera sílaba y a mí me correspondía terminar la palabra. Por ejemplo con mango, ella decía: «man» y yo agregaba orgullosamente el «go». La cosa era fácil cuando la primera sílaba no era compartida con otras palabras, como con el «li» de limón y lima. Entonces tenía que descubrir de cuál de las dos era. Y aquí ya la cosa era de «tin marín de dos pingües...».

A veces acertaba por casualidad, otras muchas no. Después de tanto pasar por Pestoni me fui familiarizando con los letreros en el terreno. Aprendí dónde estaban plantadas las matas de limones, las de mango, mamey y todas las demás. Hasta alguna que otra característica de sus hojas llegué a reconocer. Así un poco por asociación y un mucho con trampa fui aprendiendo los nombres de todas las siembras.

Los atardeceres eran allá invariablemente apacibles

Como novia La Habana se preparaba con sus mejores galas para recibir el atardecer. Llegado el momento la brisa comenzaba a moverse armoniosamente junto a la tenue luz azul que envolvía la ciudad.

El sol en su afán de escapar dibujaba toda suerte de imágenes entre bandas rojas y naranjas, haciendo y deshaciendo figuras en medio de una sinfonía de nubes que le rodeaba

Mientras abajo en la calle 23 la actividad era frenética. Los carros circulaban «a lo loco», rompiendo con el desafinado sonido de sus pitos, el misticismo envolvente del atardecer.

Por suerte Yeyi era ajena a todo género de avances científico-técnico y su sensibilidad era superior a la media. Ella encontraba el encanto en lo insignificante, en lo que esconden las pequeñas cosas cotidianas. Esas cosas que transforman un simple momento en un recuerdo inolvidable.

A pesar de no ser muy instruida, ella contaba las historias más tiernas y originales del mundo. Una tarde mientras regresábamos a la casa me explicaba el por qué de la puesta del sol. Según ella el sol se iba muy cansado a dormir y en su ida lo acompañaban unos angelitos vestidos con muchos colores. De todo el grupo el único que iba «serio y tranquilo» era el sol, porque era el más viejo. Los ángeles que eran niños revoltosos iban jugando, bailando y pintando el cielo con colores. El alboroto era diario pero duraba poquito, porque el sol rápido terminaba con el relajo que se armaban los angelitos. Entonces «todo el mundo se iba a dormir. Pero eso sí, con las manos y los dientes limpios».

En la playa de Boca Ciega caminando una tarde por la arena descubrimos un atardecer precioso. Era como si los colores del cielo cayeran como gotas en el mar. Lentamente y sin prisa se iban diluyendo hasta el infinito. Fue un instante para el silencio donde el tiempo se iba escapando de la mano de Dios.

Noches de luna y cocuyos

Cocuyos y estrellas en el jardín

*Me pregunto si las estrellas están encendidas
para que cada uno encuentre la suya.*
Antoine Saint Exupéry

De noche nos sentábamos juntas Yeyi y yo en la escalera de la cocina que daba al patio a ver la luna. Yeyi siempre tenía una historia lista para contar y yo me quedaba extasiada oyéndola. Mientras unos luminosos y divertidos cocuyos se nos acercaban. Manchita tranquila, descansaba plácidamente a los pies de Yeyi hasta que la despertaba algún vivaracho cocuyo.

El hábito de sentarnos en la noche solas en la escalera «del fondo», lo repetimos mil veces, en diferentes casas, acompañadas por diferentes perros dormilones y por revoltosos cocuyos desvelados.

No he visto un cielo con más estrellas que el cubano. Ni he conocido un jardín con más perfume que aquel jardín de 6 y 25 en El Vedado.

De todo el repertorio de historias de Yeyi una de mis preferidas era lo que pasaba en el jardín cuando dormíamos. Según ella de noche las flores aprovechando que no había nadie despierto, saltaban de las matas para bailar en la hierba húmeda por el rocío. Bailaban, pero no cantaban, para que no las oyéramos. La luna venía también al jardín. Se unía en el baile sacudiendo su sayuela llena de estrellitas, que saltaban al césped. Después del bailoteo, las estrellitas y la luna volaban y volaban hasta regresar cada una a su lugar en el cielo.

Tanto retozo era la causa de que a la mañana siguiente encontráramos el jardín con muchas flores regadas en la hierba. Ellas cansadas de tanto bailar decidían dormirse un rato en el césped. Y en eso las sorprendía el sol mañanero.

Y ya... que este no es «el cuento de la buena pipa».

El cañonazo de las nueve

En las noches era que se formaba la «parranda y el fetecún» en la escalera de la cocina y en el patio del fondo.

Allí se reunían todos: Nina, Yeyi, Jacinto, Olivia, Puro, y Esperanza la hermana de Nina. Hasta sus amigas del barrio «Pan con Timba venían. En fin que «Segismundo y tó el mundo» entraba al jardín por la puerta «del servicio» a conversar después de la comida.

Todos venían por el enorme poder de convocatoria que tenía Nina. Supongo porque era la más «echá palante», la más alborotosa, la más «cumbanchera». Hasta sus admiradores pasaban por allá. Lo mismo Manolo el carnicero, que Eufrasio el gallego de la piquera de Lawton. Incluso Duffó «el policía de palito», eso si no estaba de recorrido, claro. Pero allí la cosa se ponía buena, cuando empezaba el juego de la chancleta.

El juego de la chancleta consistía en que una de las muchachas se quitaba una sandalia o chancleta y la lanzaba al aire. Al caer la punta señalaba quién cumpliría el castigo, mientras que la parte de atrás indicaba quién decidía el tipo de castigo. Las penitencias eran cantar, bailar, hacer chistes etc. La mayor penalidad, y la más frecuente que recuerdo, era tener que pagar un vaso de guarapo a todos y cada uno de los presentes.

Y eso significaba salir en procesión por toda la calle hasta la guarapera, que estaba en la cafetería de la esquina de 23 y 12. Entonces el relajo que se armaba por el camino era de: «Padre y muy señor mío»... En ese momento sí que «se acabó el pan de piquito». ¡Aquello no tenía comparación con nada! ¡Era la vida misma! Mis padres la mayoría de las veces no me dejaban, porque era de noche y había que dormir... No obstante alcancé a ir las suficientes veces para no olvidarlas jamás. ¡Gracias a Dios!

La fiesta empezaba desde la salida del grupo a la calle, en la mismísima acera. Las muchachas iban «muertas de la risa» jaraneando con cosas que yo no entendía, pero me divertía igual.

La fresca noche, las luces del alumbrado público y las risas como fondo musical, aseguraban que en El Vedado corrían a la par la brisa, la «sandunga» y la alegría.

A veces nos sorprendía el cañonazo de las nueve en la calle y entonces no había quien parara el relajo. Lo primero que se oía era «la pregunta de los sesenta y cuatro mil pesos»: ¿Caballero quién fue el puerco? A partir de ahí una lluvia de todo tipo de chistes... Chistes naturalmente de doble sentido, con la picardía y el doble sentido del cubano.

«Entre col y col un lechugazo».
Un poco de historia: El cañonazo de las 9.
En 1698 se terminó de construir la muralla para proteger la ciudad de La Habana. Entonces se decretó que desde el Castillo de San Carlos en la en la Cabaña se dispararía un cañonazo a las nueve de la noche. El cañonazo era para avisar que a esa hora se cerrarían las puertas de la muralla. Las puertas volverían a abrirse a las cuatro y media de la madrugada del siguiente.

La tradición siguió de generación en generación y cañonazo se disparaba diariamente a las nueve «aunque cayeran raíles de punta». Probablemente era lo único puntual en La Habana, por eso en los años cincuenta la gente aprovechaba el sonido del cañonazo para poner en hora los relojes y correr a sentarse frente al televisor, porque empezaban las novelas de moda.

En el recorrido hacia la guarapera, alguna que otra vez nos pasó volando muy cerca una lechuza, o al menos eso aseguraba Puro. Él hasta juraba por su «madrecita santa, que la vea entre cuatro velas» que decía la verdad. Y hacía una cruz con el dedo pulgar y el índice de la mano derecha y la besaba arrodillado, para dar mayor veracidad a lo dicho.

En Cuba era una creencia popular que las lechuza eran pájaros de mal agüero, que traían desgracia. Y Nina fiel creyente de cuanto había en el ambiente se persignaba horrorizada treinta veces, diciendo: «¡Solavaya!» y «¡Alabao sea El Santísimo!

¡Llévatelo viento de agua!».

En realidad nunca vi lechuzas volar. Creo que eran inventos y cuentos de Puro que conociendo lo supersticiosa y miedosa que era Nina, lo hacía para chivarla y provocar sus visajes aparatosos. Todo ese *show* terminaba en carcajadas y burlas, mientras Nina rezongaba y criticaba la incredulidad de aquellos jodedores «que no creían ni en la paz de los sepulcros». Asegurándoles siempre un castigo divino: «Anjá, ya tú verás que Dios los va a castigar por jugar con algo tan serio».

La caminata terminaba rápido. Sólo unas pocas cuadras separaban a nuestra tranquila esquina de 6 y 25 de la vivificante, «jacarandosa» e insomne esquina de 23 y 12. Allí el hormiguero de gente era constante. El ambiente y la atmósfera eran una cosa «distinta y diferente».

En la esquina de 23 y 12

A llí estaba, y entiendo que está todavía, una parada de guagua donde convergían diferentes rutas de ómnibus que iban hacia diferentes puntos de la ciudad. Por esa razón en esa parada se hacían las «transferencias». La archifamosa transferencia que costaba dos centavos y le permitía cambiar de ruta y continuar viaje hacia otro lugar a donde su guagua inicial no llegaba. Había guaguas que daban transferencia hasta para coger la Lanchita de Regla.

En la acera de la calle 10 había un puesto de «fritas criollas». Las fritas son parecidas al hamburguer, son hechas de carne de res molida, pero picante, algo más pastosa y mucho más sabrosa. Se servían dentro de un pan redondito con cebollita picada, papita frita muy finita, mostaza y/o «catchup».

En la esquina de 23 y 12 coexistían los más variados negocios. Usted lo mismo encontraba un kiosco de cigarrillos y tabaco. Además de billetes de lotería. También allí había una cafetería, con sus las banquetas giratorias forradas de hule rojo y fijadas al suelo por un ancho tubo central metálico. Lo que más me gustaba de la cafetería era encaramarme de cualquier forma en el centro de las banquetas y dar vueltas. El mostrador me quedaba lo suficientemente alto como para que el dependiente de turno no me viera, y así no podía eclipsar con un regaño el disfrute de mis vueltas a la redonda. Como chiquita al fin, el suelo estaba más próximo a mí que el mostrador, por eso recuerdo aquel piso tapizado con todo tipo de basura. Desde colillas de cigarros, papelitos estrujados de todo tipo de textura, colores y tamaño, hojas periódicos, transferencias de guagua, cajas de cigarros rotas, chicles y hasta cucuruchos de maní «escachaos».

La esquina de 23 y 12 le daba un sabor especial al corazoncito de El Vedado. Era una colmena nocturna con su particular idiosincrasia, dada por el comercio y por el incansable movimiento de gente. Con el cambia-cambia constante de rutas por parte de los «guaguícolas» de la época, aquel lugar no se estaba quieto jamás.

Precisamente en esa cafetería estaba «el objeto del deseo» del grupo: la guarapera. Allí pegada a la pared del fondo estaba la enorme máquina responsable de producir el espumoso guarapo. El proceso para hacerlo tenía su arte, como todo en la vida. A un lado de la máquina estaban los trozos de caña de azúcar que el dependiente agarraba y los metía, dentro de algo parecido a un trapiche comercial. Aquel era de mucho menor alcance que el de los ingenios azucareros, pero con igual finalidad: extraer el jugo a la caña de azúcar. Y así con la obtención del cristalino, dulce y refrescante guarapo terminaba toda aquella parafernalia. El guarapo se deslizaba alegre por entre los hielos del enorme vaso de cristal que daba el dependiente, dejando en la superficie su rubia espuma.

Constantemente se oía una estridente música que salía de una vitrola que no paraba de sonar y tragar monedas. Las vitrolas eran como un refrigerador pero con muchas luces de colores y con listas de canciones y cantantes. Dentro del aparato estaba un tocadiscos que podía verse a través de un casi transparente cristal.

Se repetían una tras otra, en aquel incansable aparato las canciones de Ñico Saquito: «Cubanito, cubanito...», «María Cristina me quiere gobernar», hasta aquella tremebunda: «Silencio que están durmiendo los nardos y las azucenas, no quiero que sepan mis penas porque si me ven llorando morirán». La esquina de 23 y 12 y su vitrola eran símbolo de la infatigable vida nocturna en El Vedado.

El regreso a la casa lo hacía por lo general cargada. Volvía cansadísima pero satisfecha por mis primeras «noches de parranda».

215

Pinceladas de mi Habana

El mojón

En las amplias aceras de El Vedado, específicamente en sus esquinas se alzaban unas pequeñas pirámides enanas de concreto blanco. Tenían la base cuadrada y apenas tres pies de alto y de ancho, algunos hasta tenían placas de lozas. Aquellos eran los señalizadores que marcaban con nombres o números las calles.

En la esquina de mi casa, justo en la unión de las calles 6 y 25 estaba «mi propio» señalizador. Aquel pilar monolítico no tuvo ninguna importancia hasta que un día accidentalmente oí su nombre y su apellido: «mojón de piedra».

El apellido «de piedra» fue perdiéndose con el tiempo, y solo quedó su nombre de pila: el mojón. Me encantaba repetir su nombre porque al decirlo creaba a todo vapor una histeria colectiva en los adultos.

Reaccionaran como reaccionaran, de cualquier forma, contra viento y marea y desoyendo los comentarios que generaba, allí en la esquina muy quieto y silencioso, continuaba imperturbable «el mojón de 6 y 25».

Vendedores ambulantes

En los década de los cincuenta los vendedores ambulantes abundaban en las céntricas calles de La Habana. Esos inolvidables personajes populares animaban con sus creativos pregones la ciudad.

El tamalero de 23

En medio de aquella trepidante actividad comercial sobresalía el pregón de un personaje inolvidable, el *Rey* indiscutible del las noches de la esquina de 23 y 12: el tamalero.

Cargaba una lata de aceite con agarradera, adaptada para mantener el tamal calientico. Los tamales eran de dos tipos: unos con picante y otros sin picante. El tamalero había elegido con gran acierto la esquina aprovechando el constante trasiego de las guaguas y el movimiento incesante de los viajeros.

Lo mismo a pie, que desde la ventanilla de una guagua o de un carro, le llegaban los clientes. Todos querían su tamal que él amablemente se encargaba de entregar moviéndose lentamente por su gordura.

Él inmortalizó su original pregón para siempre en el recuerdo. Ningún habanero olvidará aquel:

—¡Pican y no pican! ¡Pican y no pican... los tamales!

¡Maní... manisero se vaaaaaaaaaaa!

El vendedor de maní aparecía a cualquier hora y en cualquier calle de La Habana. En la calle 23 había muchos, especialmente en las paradas de guaguas y a la salida del cine 23 Y 12.

El manisero llevaba consigo siempre montones de cucuruchos llenos de maní recién tostado y saladito. Todos calienticos gracias a la lata rectangular de aceite donde los guardaban. El cucurucho se hacía con papel de estraza y costaba a veces un medio el grande y dos por un medio los chicos.

Tan importante han sido los pregones en La Habana como los pregoneros. Moisés Simons pianista compositor cubano se inspiró en la figura popular del vendedor de maní y creó su canción *El manisero.* Fue tal su éxito que ha sido grabada en más de cien versiones por todo el mundo. La cantó Rita Montaner, Celia Cruz y hasta dicen que Carlos Gardel. Pero nadie la interpretó en el piano con mayor musicalidad y frescura que nuestro maravilloso Bola de Nieve. Él la encumbró y la llevó triunfante a cabaret Maxim´s de París y fue una de sus canciones fetiches.

El granizadero

En el verano los granizaderos arrasaban donde quiera que aparecieran, especialmente en las zonas de playa donde los clientes eran numerosísimos.
Todo el mundo iba a la playa, porque el calor cubano es de «usted y tenga». Allí la demanda resultaba ser mayor que la oferta, por eso había un constante ir y venir de vendedores de chucherías.

Entre los muchos vendedores ambulantes estaba el pirulero que cargaba una especie de farola repleta hasta el tope de caramelos en forma de pirulí, envueltos en papel de celofán, combinando artísticamente los colores con los sabores.

También estaba el vendedor de frutas, que llevaba una cesta en la cabeza con racimos de mamoncillos, naranjas, mangos, mameyes... hasta piñas peladas. Pero el héroe nacional del verano, el perseguido por todos, el salvavidas de las calientes playas cubanas sin discusión alguna era: el granizadero.

Llegaba empujando su carrito de dos ruedas y armado de una campana que sonaba sin cesar. El carrito era de madera, *hecho en casa,* pura creación del ingenio cubano. Era como una *quincalla* con dos ruedas. Llevaba imágenes de santos para que ayudaran, fotos de artistas para estar en la moda, espejitos para mirarse y alguna que otra decoración de último minuto que beneficiaran el negocio.

El carrito tenía un techo de madera con el inocente propósito de proteger al granizadero del inclemente sol veraniego

A una cuadra de distancia avisaba su llegada primero a campanazos e inmediatamente hacía su llamada: «¡Granizado aquí... Granizaderooo!».

La gente emergía de todos los lugares posibles. En segundos una muchedumbre desesperada y sedienta corría desaforadamente detrás de él, hasta alcanzarlo...Y de paso, hasta casi asfixiarlo. Lo rodeaban de tal manera que de lejos apenas se distinguía el techo del carrito en medio del gentío.

Las botellas con los diferentes sabores y colores de los siropes estaban alineadas a ambos lados del carrito. En el centro llevaba el enorme bloque de hielo que rayaba con rapidez. Luego colocaba una lomita de hielo frapé dentro de un cono de papel. Después lo rociaba con el sirope elegido. Y el toque final a la obra de arte la daba con la colocación de la pajita (el absorbente) dentro del coloreado hielo.

¡Y señores andando, que andando se quita el frío.

223

Los anuncios lumínicos

*En las noches las calles florecían
con las luces de los anuncios lumínicos.*

L a Habana se ponía sus joyas de noche. Los carteles de publicidad iluminaban sus calles, el cielo y encandilando a nativos y visitantes.

En aquellos años corría una frase popular que decía: «el producto que no se anuncia no se vende». Y en sano cumplimiento de ese mensaje todo se anunciaba con letreros refulgentes y vistosos carteles.

El malecón habanero es monumental cinturón que separa una parte de la costa del Mar Caribe. Pasear por el Malecón era contemplar la cadena de luces de los postes que lo bordeaban, hasta el faro de El Morro. Luces que se reflejaban y se fragmentaban en el mar.

Con la activa vida nocturna comenzaba a iluminarse la ciudad dando la sensación de no querer descansar jamás.

La calle 23 por su parte, mostraba orgullosa los letreros lumínicos de sus hoteles, clubs, cabarets, restaurants, cines (23 y 12, Atlantic, Riviera, Radiocentro y La Rampa) y cafeterías. A esto se sumaba el intenso tráfico de carros

Entre los originales anuncios había uno en particular que me encantaba, era un anuncio muy familiar para los habaneros. Estaba en la azotea de un gran edificio casi frente al parque Maceo y a la Beneficencia. Tenía la imagen de un perrito sentado al lado de un megáfono con una oreja levantada para escuchar mejor el sonido que salía del aparato. Aquel ingenioso anuncio lumínico era de la Compañía RCA Víctor.

La época navideña era el clímax de la publicidad. La ciudad estallaba en ingeniosos y artísticos diseños alegóricos a las pascuas, la nochebuena, la llegada de El Niño Jesús «Santi Clós», y Los reyes Magos. Con luces multicolores se decoraban absolutamente todos los negocios, las casas, las calles, en fin todo, sin excepción.

Mario decía que en la Navidad se adornaban con «foquitos de colores» hasta los tibores.

A la entrada del Reparto Fontanar, que estaba en la Avenida de Rancho Boyeros, colocaban un gigantesco árbol de navidad. Era un pino inmenso, lleno de bolas de diferentes tamaños y colores. Las bolas de navidad más grandes las ponían más cerca de la base del árbol y en la medida que subían iban haciéndose más y más pequeñas hasta terminar con una estrella luminosa en la punta. Todas las

ramas tenían además bombillitos de colores.
La aparición y el encendido de aquel árbol era
prácticamente el espectáculo que iniciaba la tempo-
rada navideña en La Habana. A partir de ese momento por las noches empezaba un desfile de carros llenos de niños, familias enteras, que iban a
ver aquel majestuoso pino. Luego continuaban el
paseo por las calles del Reparto para admirar los
originales adornos navideños de las casas.

Libros, revistas y periódicos con viñetas cómicas

De niña me compraban los libros en La Moderna Poesía y en El Encanto.

La Moderna Poesía era una prestigiosa librería situada en la Calle Obispo. Allí por lo general estaban todos los libros escolares (libros «serios»), aunque también vendían de muñequitos. Sin embargo los libros de cuentos infantiles los compraba mi mamá en El Encanto. Estaban ubicados al final del primer piso muy cerca de los elevadores. Era una colección de libritos con dibujos de Walt Disney, que traían los mismos personajes de sus películas. Las historias venían resumidas en unas pocas páginas gruesas con poquitas letras y con grandes figuras brillosas y muy coloridas. Esa fue mi primera colección de libros de cuentos: *Blanca Nieves, Cenicienta, Los Tres Chanchitos, El Patito Feo*, entre otros. Pero mi debilidad eran los muñequitos de la pequeña Lulú, especialmente cuando aparecían Tobi, Agatha la bruja grande y su sobrinita la brujita. Aquella brujita me era muy simpática, porque era la cosa más fea que he visto en mi vida.

Cuando estaba enferma o en grandes acontecimientos y sólo en presencia de mi mamá, podía hojear algún tomo de *El Tesoro de la Juventud*. Eran veinte tomos de hojas tan sedosas como brillosas.

Aunque después disfruté de las *Fábulas de Esopo*, *Las Siete Maravillas del Mundo* con el Coloso de Rodas, a mí lo que más me gustaba de chiquita era la página con muñecas vestidas de trajes típicos nacionales del tomo XIX. Cada muñeca tenía un pie de grabado con su nombre propio, que era el más frecuente en el país. Recuerdo que la de Grecia «sorprendentemente» se llamaba Gretchen.

Los periódicos de mayor circulación en el país eran el *Diario de la Marina*, *El Mundo*, *Información*, *Prensa Libre*, *Hoy*,... hasta había uno que se llamaba *¡Ataja!*

También se publicaban varias revistas semanales. Especialistas en la materia aseguran que durante los años cincuenta llegó a haber más de cien revistas circulando en la Isla. Yo recuerdo a *Bohemia* que salía solo los viernes. De ella me gustaba la caricatura de «El hombre siniestro» y su página de muñequitos al final de la revista. Bohemia salió por primera vez en 1908 con una variedad de artículos informativos para personas mayores. Luego poco a poco fue haciéndose cada vez más versátil llegando a ser muy popular, atrapando una gran cantidad de lectores y suscriptores.

Carteles era otra revista muy conocida que también tuvo una amplia demanda. Se inició en el 1947 y su contenido era más ligero y sus portadas más sensuales. También estaba la revista *Vanidades* que al final tenía aquellas inolvidables novelas de amor de la española Corín Tellado.

El único día interesante para mí del periódico *Diario de la Marina* era el domingo. Ese día llegaba gordísimo y traía una gran cantidad de historietas cómicas. Eran hojas y hojas y más hojas de muñequitos, todos divinos, un verdadero diluvio de *comics*. ¡Y ahí sí que había de todo para elegir. Mis preferidos eran: «Archie, el pepillo» con pecas y con calcetines de listas tomando siempre *sundae* de fresa. «Tru-cu-tú, el hombre de las cavernas» (el bisabuelo de Pedro Picapiedras). Bruno, el hijo de La Dama y el Vagabundo experto en armar líos. Daniel el travieso, que hasta hoy ni envejece, ni escarmienta mortificando a los vecinos del barrio y el matrimonio de Pepita y Lorenzo con su enormes sándwiches hechos con cuanta cosa encontraban en el «frigidaire». Todos ellos hacían de la mañana del domingo una fiesta para mí. Pero no para mis padres, a quienes inmovilizaba para que me leyeran los diálogos que aparecían en las «nubecitas» de cada recuadro.

También venían en los periódicos del domingos los «rotrograbados». Eran páginas de fotos de todo tipo de eventos sociales: bautizos, bodas, cumpleaños, inauguraciones y actividades políticas, comerciales o deportivas.

Mi mamá tenía guardado el «rotrograbado»

con las fotos de mi bautizo en la Iglesia del Carmen. Allí junto a la pila bautismal estaba en brazos de Lolita mi madrina y en el momento en que el padre Justo derramaba sobre mi cabeza el agua bendita saqué la lengua cual rana sedienta. Supongo que para purificarme también por dentro. El «intento» al menos de la purificación quedó evidenciado en la foto. Y como dicen que lo que vale es la intención, «todo tranquilo y sereno».

El cine

Buceando en el baúl de los recuerdos infantiles aparecen los cines con programación para niños y las matiné de los domingos.

Había en San Rafael un cine con dos salas de cine. Cada uno con su nombre propio y su programación independiente: el Rex Cinema y el Duplex. Ambos tenían un amplio y lujoso vestíbulo en común con lindas butacas y una escalera rodante que te llevaba a las salas. En el centro del vestíbulo había un mostrador con la habitual variedad de chucherías de todos los cines: caramelos salvavidas, bomboncitos miniaturas de chocolate, «peters» de chocolate, refresco, jugos, cartuchos de rositas de maíz, refrescos, etc.

Lo curioso de estos cines era que tenían función corrida. Proyectaban ininterrumpidamente un abundante número de muñequitos que incluía al pato Donald, Mickey Mouse y toda la pandilla, intercalando unos aburridísimos noticieros.

Muchos cines tenían la matiné los domingos, a las 10:00 a.m., como el cine Riviera que estaba en la calle 23 al lado de la cafetería El Carmelo (donde a veces merendaba o desayunaba con mis padres). Allí vi películas inolvidables, pero especialmente

231

recuerdo a *Los Tres Caballeros*.

Los Tres Caballeros era una película de muñequitos de Disney, donde los protagonistas eran el pato Donald representando a Estados Unidos. Pepe Carioca, un loro verde con sombrero y paraguas representando a Brasil y Pancho Pistolas, el mexicano con bigote, vestido de charro con sombrero y un par de pistolas. La película tenía imágenes y música de cada nación. Eran unos minutos diversión que despertaba además el interés de los niños por conocer más de esos países.

Esa mañana después de terminarse *Los Tres Caballeros* proyectaron el Disney World de California, el primero que se hizo. Aquello fue algo tan fascinante como sorprendente. Corrían los últimos años de la década de los cincuenta en Cuba y el cine abarrotado de niños se quedó en silencio admirando aquella ciudad de fantasía.

La película de *Peter Pan* la vi en el cine Trianón que estaba en El Vedado, en Línea y Paseo, casi frente a la Casa Potín, una cafetería del corte de El Carmelo. El cine Trianón también tenía su propia cafetería al lado, chiquitica y no muy cómoda. No obstante debo confesar, cafeterías aparte, que Peter Pan fue mi primera gran pasión amorosa.

Por la calle Calzada también había cine-teatros como el Rodi (ahora Teatro Mella), que presentaba además de obra teatrales, funciones de cine para niños. Allí iba mucho con mi madrina Lolita y a la salida merendábamos en Casa Potín.

No puedo olvidar al primer cine al aire libre en La Habana: «La Novia del Mediodía». La programación era nocturna y se entraba en carro. Nunca fui pero si pasé por su entrada muchas veces cuando cumplía con mi Servicio Social Postgraduado de Medicina en Bauta, Punta Brava y Cangrejera. Cuando se inauguró ese cine se ofrecían dos películas, una que era el estreno (el plato fuerte) y la otra a la que tío Pepe llamaba «el relleno».

Tío contaba que los jóvenes iban en sus carros a acariciarse más que a ver la película en la Novia del Mediodía. Y que una noche, un sapo amargado se quejó con la acomodadora del cine, porque una pareja estaba «comiéndose viva» en el carro. La acomodadora llegó hasta el auto de los «caníbales nocturnos» y los iluminó... La pareja se asustó y se armó una tremenda discusión. En medio de la oscuridad se oyó gritar: «Aquí cada cual hace de su culo un tambor...Y se lo da a tocar al que quiere. ¡O Kay!!!...».

Se inició una rechifla general. Los carros empezaron a tocar bocina y desde todos los rincones se oían frases como: «¡Zafa conejo!» ó «¡Zambullo suelta lo que no es tuyo!»

En medio del alboroto se fue la imagen de la pantalla y de todos los lados casi a coro gritaron: «¡Cojo suelta la botella!».

Conclusión: se terminó la proyección, se cerró el cine durante dos días seguidos. Porque aquello, señores, terminó «como la fiesta del Guatao».

Helado caliente - Baby Alaska

Una noche fui con mis padres a la cafetería El Rodeo, que estaba en la Avenida Rancho Boyeros, próxima a la calle 26, casi frente a la Ciudad Deportiva. Allí vendían helados, batidos, variedad de bocaditos y sándwiches y naturalmente el clásico sándwich cubano. El negocio tenía la especialidad de servir la comida en el carro. Algo innovador por aquel entonces.

El servicio era rapidísimo. No acababas de parquear tu carro, cuando ya tenías al lado del chofer a un camarero con la carta, listo para atenderte. Rápidamente tomaba la orden y acto seguido colocaba una bandeja metálica en la ventanilla del chofer. La bandeja se sujetaba desde el interior de la ventanilla con unas paticas que quedaban agarradas a la puerta por fuera del auto.

Fue justo en el estacionamiento de El Rodeo donde probé por vez primera el helado caliente... El helado caliente, no era otra cosa que el tradicional helado de mantecado o de vainilla (que no es lo mismo, ni se escribe igual), al que se le derramaba por encima chocolate espeso, muy caliente. Esto producía una mezcla «especial». El choque del helado muy frío con el chocolate, casi hirviendo, acabadito de servir hacía que el chocolate derritiera al helado con el que hacía contacto, convirtiéndose esa parte del chocolate en una cobertura dura, como una lámina de «peter» frío. Esa cubierta de chocolate era frágil y se rompía al introducir la cuchara. A este invento podía agregársele un pedazo de cake. En ese caso ya era el «cake a la moda con helado caliente».

El mismo postre en el Restaurant 1830 (en la desembocadura del río Almendares) cambiaba de nombre y se convertía en: «Baby Alaska». Aquí el show que se armaba para hacerlo era de grandes proporciones, sobre todo si era de noche. Si ese era el caso, se apagaban las luces del salón. El pianista, que hasta ese momento amenizaba la comida, interrumpía su música dulzona y la sustituía por acordes de tensión. Entonces el camarero de la mesa, venía con el helado, una copa de menta y un soplete en un carrito. Lo colocaba frente al cliente. Vertía sobre el helado el licor de menta y con el elegante soplete lo flameaba. Todo esto ante la mirada «patidifusa» de toda la concurrencia. Las personas mayores quedaban alucinadas. Los más pequeños se paraban de sus sillas con los ojos desorbitados ante aquel sorpresivo show circense en pleno restaurant.

El espectáculo terminaba cuando las llamas iban apagándose. Era entonces cuando el camarero con gran prosopopeya y solemnidad llegaba a la mesa y colocaba el helado ante el consumidor, aún con alguna llamita mustia presente.

Algunos clientes lamentaban haber llamado tanto la atención, aunque esta modalidad de helado fuera una delicia. A mi padre le gustaba el plato pero siempre que lo pedía aclaraba: «tráigamelo pero con tranquilidad, sin el show de las luces».

El videt de Paulina

No puedo precisar cuando la vi por primera vez. Lo que no he podido, ni intento, olvidar fue mi deslumbramiento esa noche en la rotonda de 26 y Boyeros.

Allí ante nosotros se revelaba una inmensa cascada de luces de colores, que parecían caer del cielo. Fue una maravillosa sorpresa encontrarla justo allí, donde convergían cuatro importantes avenidas.

Las luces se movían al compás de la caída del agua, todo con una perfecta sincronización. Esa agua saltarina iluminada por «foquitos de colores» venía de una fantástica fuente de agua, que los faros de los carros y los postes del alumbrado público enfocaban.

El sonido del agua al caer se mezclaba con el intenso tránsito de los carros, que sin proponérselo transmitía una contagiosa sensación de alegría.

Al pasar cerca de ella el parabrisas del carro se salpicó con góticas de agua. Como siempre iba sentada en el asiento trasero, con la ventanilla abierta y la mitad de la cabeza afuera, pude sentir aquella grata lloviznita chocar contra mi cara.

La Habana tenía una vida propia y arrebatadora de noche y la fuente de 26 y Boyeros era un símbolo de esa noche diversa e intrépida.

El compositor César Portillo de la Luz en su canción *Noche Cubana* describió el hechizo de esa «Negra bonita de ojos de estrellas... ¿Quién junto a ti no quisiera soñar? ¿Quién a la luz de tu dulce sonrisa no quiere besar?».... ¡Ay Cuba! La fuente luminosa de 26 se construyó durante el mandato presidencial de Ramón Grau San Martín. Fue un acierto la elección del lugar para colocarla. Se eligió para la fuente un diseño clásico y la colocaron sobre un estanque. A su alrededor se construyó una estrecha acera para realzar aún más su belleza.

El Presidente Grau, médico de profesión, era soltero por lo que Paulina Alsina, la viuda de su hermano, fue quien ocupó el rol de Primera Dama. Con estos condimentos sociales, la mesa estaba servida para la fantasía y los cuchicheos. Y naturalmente aquella jugosa historia no la iba a dejar pasar el aguzado humor cubano.

¿Se mezcló la realidad con la fábula, o todo fue cierto? Eso no lo aclara la historia de amores y desamores de los famosos. Pero los pueblos se encargan de oficializarlo todo regalando hasta los más mínimos detalles.

Así de boca en boca y «como el que no quiere las cosas» corrió el rumor de que Presidente y su cuñada vivían un ardiente romance.

Estando el chisme en pleno apogeo Grau decide inaugurar «por todo lo alto» la fuente luminosa. Cuentan que aún no había terminado el discurso inaugural cuando ya en una botica cercana un mensajerito comentaba asombrado:

—¡Cómo había gente en el estreno del «bidet de Paulina!...

Ipso facto el pueblo habanero cubrió con sábanas de la alcoba presidencial aquella recién estrenada fuente.

No quedó claro si la moraleja de esta crónica era la importancia que tenía el bidet para la señora Paulina. O si como contaban conocedores de las intimidades de la susodicha señora: las enormes proporciones de la fuente, recordaban las grandes dimensiones de las partes más nobles de la dama en cuestión.

Sea cual fuere la verdad, la eterna picardía del cubano sacramentó a la fuente luminosa de 26 como: el grandioso, refrescante y luminoso «bidet de Paulina».

De compras por Galiano y San Rafael

La calle Galiano

Decir en los años cincuentas «me voy pa La Habana», equivalía a ir de compras a las tiendas de Galiano y San Rafael. Aun viviendo en cualquier zona de la capital, era frecuente escuchar esa frase   totalmente habanera.

Tan importante es salir de compras para el sexo femenino que algunos estudiosos en la materia afirman que es el deporte preferido por las mujeres. Esa expresión tan gráfica da la medida de lo que significaba ir a la mayor área comercial de la capital. Y más aún a la auténtica joya de la corona que era precisamente la esquina de Galiano y San Rafael.

Desde ahí de norte a sur y de este a oeste aparecían alineadas una innumerable sucesión de tiendas, para todos los gustos y presupuestos. Nadie podía resistirse a sus atractivas decoraciones. Frente las decoradas vidrieras se detenían las señoras a disfrutar de un exquisito espectáculo. Cada tienda con estudiado buen gusto y estilo, se encargaba de seducir a sus potenciales compradores.

Había algunos comercios tan populares como el Ten Cent y otras más selectas como El Encanto.

Eran las grandes tiendas, las llamadas entonces, tiendas por departamentos.

El Encanto

El Encanto era el paraíso terrenal de la moda, un derroche de refinamiento y glamour. Con frases como: «Ya es verano en El Encanto» sus maniquíes daban la bienvenida a las diferentes estaciones del año. En sus vidrieras exhibían en tamaño natural unas cuidadosas réplicas de la revista *Vogue* de aquellos años.

A veces la decoración respondía a la llegada de celebraciones históricas o religiosas, de ahí que el despliegue de arte encajara perfectamente con las diferentes actividades de la época. Los maniquíes vestían siempre fiel a la moda y sus caprichos. Ellos representaban con elegancia los sueños de las personas de todas las edades.

El Dr. Pedro Pablo Cabal, prestigioso cirujano cubano y mi queridísimo profesor de Anatomía en la Escuela de Medicina en La Habana, fue un gran conocedor del mundo femenino y un cronista espontáneo de los años cincuenta. Decía el Dr. Cabal que al pasar por la esquina de El Encanto, «veía tanta mujer bonita y bien vestida en la acera, que tenía la sensación que los maniquíes se habían escapado de las vidrieras».

Recuerdo una Navidad, que la entrada principal de la tienda estaba adornada con unos renos blancos y cintas plateadas que colgaban del techo, parecía que volaban. A esta primera impresión se sumaba una alegre música navideña de fondo dando el toque perfecto al momento de comprar. Era sabido por todos que allí nunca se repetían los adornos. Esto aumentaba aún más la curiosidad por saber cuál sería el tema central de la próxima decoración.

Fue fundada en el 1888 por los hermanos Solís, unos comerciantes asturianos. Comenzaron con una modesta «sedería» en Galiano y San Rafael. El comercio fue haciéndose cada vez más próspero. Y al finalizar los años cincuenta el negocio era una moderna construcción que ocupaba casi una manzana en Galiano entre San Rafael y San Miguel, el centro más comercial de La Habana.

La tienda tenía tres entradas al público, con amplísimas y lujosas puertas de cristal. En el piso de granito de cada entrada estaba grabado el nombre del comercio con letras doradas. El edificio tenía seis pisos a los que se podía acceder a través de los tres elevadores o las escaleras eléctricas.

Los elevadores eran manejados por unos uniformados y amables empleados. En cada piso que paraban anunciaban (sin equivocación alguna) la especialidad del departamento, y los artículos que usted podía encontrar. ¡Era increíble! Usted salía del ascensor y continuaba oyendo al ascensorista diciendo de memoria la interminable lista de cosas, como un magazine humano.

En aquella época todo giraba alrededor del slogan «el cliente siempre tiene la razón» y todo iba dirigido a brindarle la mejor atención y hacerlo sentir importante.

En el primer piso estaba parte de perfumería y cosméticos. Al final y cerca de los ascensores estaban los libritos infantiles. En el segundo piso estaba ubicada la ropa y artículos de canastilla y ropa de niños en general.

En el mismo piso antes de llegar al área de peletería se encontraba el mostrador de cosméticos para niñas *Little Lady*, con una amplia gama de productos infantiles que incluía estuches y carteritas con *vanitys*, con mota, polvo, espejito y peine. También tenía varios tipos de perfumes y un creyón de labio, que naturalmente no era más que una barra de cacao. Todo marcado con la figura emblemática de la firma: una coqueta niña con bucles rubios mirándose a un espejito

El departamento de peletería de niñas estaba decorado con esmero y era tan divertido como lo era todo el salón. Yo prefería los zapatos de El Encanto porque eran más «monos». Recuerdo que mis primeros zapatos «ballerina sin correita» fue allí donde me lo compraron. Todo un suceso porque era fácil descalzarlo y sobre todo ¡no tenía correas!

Era negro de charol y con un lacito detrás. Sin embargo para mí lo más llamativo de aquella peletería eran las cajas en que venían los zapatos. Eran de color mostaza y a los costados tenía las siluetas en negro de Blanca Nieves y los siete Enanitos (absolutamente todos sin excepción) una delicadeza de la tienda, ¿o no?

Una de las áreas de mayor sofisticación y estilo de El Encanto era el salón francés. Desde 1952 se empezó a vender ropa de importantes diseñadores franceses. El primero en ir a exhibir y vender sus creaciones fue Christian Dior. Tuvo magníficas ventas y tal fue el impacto de su presencia que se decía «si quieres un vestido exclusivo de Dior sólo puedes comprarlo en París o en La Habana, en El Encanto».

Prestigiosas personalidades eran clientas de la tienda. Artistas famosos como Ava Gardner, María Félix, Errol Flynn, Tyron Power, Frank Sinatra, John Wayne fueron asiduos compradores.

El Encanto cultivaba con minucioso cuidado el buen gusto, aún en los detalles más insignificantes. Por eso tuvo gran repercusión en el estilo de vida habanero. Esta tienda era el Olimpo de la moda en una ciudad pujante, con muchos errores, con injusticias, pero con esperanzas.

Allí no todo era costoso y como en todos los comercios había áreas con módicos y accesibles precios, sin perder nunca sus elegantes detalles. Además siempre existían las temporadas de rebajas.

Los Reyes Magos

Saliendo de El Encanto a la calle San Miguel y bajando apenas unos escalones, estábamos frente a la juguetería más famosa de aquellos años: Los Reyes Magos. Su vidriera estaba repleta de todo tipo de juguetes maravillosos. Eso era solo el aperitivo del gran banquete que nos esperaba dentro. Allí la variedad de juguetes y artículos escolares era abrumadora. Desde cajas plegables de los lápices Prisma-Color con sus infinitas tonalidades, hasta muñecas articuladas que caminaban y movían la cabeza, bebés en coche, en cunita... Era un verdadero sueño aquella tienda. Tuve la suerte que siempre que íbamos, salía con algún antojo concedido, ¡pobre virtud de hija única!

Flogar

Flogar era una tienda con artículos para el hogar, ese además era su lema publicitario. Recuerdo que al inicio del 1959 a la salida de la escalera eléctrica del segundo piso habían colocado un televisor a color. Estaban transmitiendo un juego de pelota. Aquella curiosidad detuvo a algunas señoras que se interesaron por aquella especie de «cine chiquito». Lo que más me llamó la atención fue el verde intenso del césped del campo de pelota. Nunca más volví a ver aquel televisor allí.

Otras tiendas...

El Ten Cent de Galiano y San Rafael era el mayor de esa cadena de tiendas americanas en Cuba. Las otras tiendas *hermanas* estaban en la Calle 23 y en la Calle en Obispo, en la Habana.

La puerta lateral del Ten Cent de Galiano daba frente a Flogar. Su entrada principal estaba por la calle Galiano y frente a ella al cruzar Galiano usted estaba en el portal de El Encanto

En esa zona comercial pocos metros separaban las tiendas unas de las otras y todas con una gran variedad de estilos. Eso facilitaba el recorrido por varias de ellas en unas pocas horas. Por ejemplo Fin de Siglo estaba en San Rafael y Águila cerca de El Encanto y casi frente a Flogar, incluso próxima a joyerías tan famosas como L´Trianon. La Época era otra tienda ubicada en Galiano y San Miguel, no muy lejos del cine América.

En los portales de los comercios de Galiano se vendían pollitos teñidos y en colores, perritos, paticos, flores, muñequitos, postales, dulces etc. Era un mercadillo itinerante que existía gracias al constante flujo de personas que caminaban allí.

Sin embargo algunos negocios en La Habana eran famosos, no ya por lo que vendían sino por los nombres que tenían. Como ejemplo una famosa ferretería que tenía como nombre los apellidos de sus dueños: «Feíto y Cabezón».

Sobre esas combinaciones de apellidos le escuché contar a mi padre la historia de una señora cuyo nombre de soltera era Dolores Fuertes. Al casarse por las normas sociales se le agregó el apellido del esposo convirtiéndose entonces en «Dolores Fuertes de Barriga».

Coronett

El regaño, el cocotazo, el manotazo o el halón de orejas no fueron nada, pero nada, comparable con la «violación del derecho a la estética del menor» al obligarnos de niños a ponernos aquellas boticas. ¡Ignorar de esa manera el «gusto» de los niños, fue una crueldad! ¡Aquello fue todo un atropello en nombre de las normas de la moral, la cívica y las costumbres de la época! ¡Sea dicho!... aunque tarde y sin remedio.

Las fresquitas sandalias se acercaban más al mundo femenino. Pero en las tardes cuando las caminatas con Yeyi prometían ser largas e interesantes, ahí venía el chantaje solapado: tenía que «encasquetarme» aquellas horrorosas boticas, «sin excusa ni pretexto» por comodidad (¿?).

Y así, sin escapatoria posible y puesta ya ante la disyuntiva de usar botas o no salir, prefería mil veces las boticas blancas que eran menos feas. En el kindergarden lo usual eran los zapatos de piel con cordones. No eran lo que se dice muy femenino, pero dentro de eso había variedades.

Coronett era una peletería especializada en zapatos escolares y estaba en la cuadra de atrás de El Encanto, cruzando la acera, casi al final.

Tenía un letrero lumínico como todas las tiendas en la entrada y una vidriera atestada con zapatos de piel, y la gran mayoría escolares. Creo que tenían la especialidad en el estilo de zapato de cordones, generalmente negro o carmelita. Aunque también los tenían de dos tonos, parecidos a los que usan aún los jugadores de golf. Tenían la punta y el talón en blanco y la parte central en color carmelita o negra, hasta las había azul prusia. Yo los prefería mil veces a los de un solo tono. Estos de dos colores eran ya otra cosa, hasta las amigas de *Archie* el de los muñequitos lo usaban.

Igual pasaba con los zapatos de «correíta», que no eran permitidos en el colegio, quizás porque eran mucho más *sexy*. Pero sin duda mis preferidos siempre fueron las «ballerinas». Con ellas me sentía totalmente realizada, casi, casi, casi como si llevara puesto el tutú, lista para salir en *relevé* y protagonizar *La fille mal gardée...*

Había una vez...

Había una vez una islita en el Caribe cuyos pobladores se caracterizaban por su risa fácil. Era aquel el pueblo más dicharachero y ocurrente del mundo, capaz de tirar a mondongo hasta al mismísimo Mazantín el torero en persona.

La risa que es el lenguaje universal, en esa islita era el «pan nuestro de cada día». La gente se acostumbró de tal modo a reír que sus habitantes vivían con el chiste siempre «en la punta de la lengua».

¡Así era mi Cuba Chaguito!

Y es que poco o nada se necesitaba para que saltara la risa en cualquier rincón del país. El escenario era totalmente irrelevante, solo era imprescindible la presencia de dos cubanos. La situación más simple o más complicada daba pie al chiste y la jarana, haciendo estallar en carcajadas al típico cubano. Ese de naturaleza alegre, chispeante, bullanguero y «confianzú».

Daba igual estar jugando al cubilete en una bodega, que comprando retazos en una tienda en Muralla, o pescando en el malecón habanero. La alegría circulaba por dondequiera y se multiplicaba vertiginosamente, sin pausa y con mucha prisa. Lo mismo se movía en guagua, que en carriola o en chivichana. Igual subía y bajaba de una canal o montando en cachumbambé, como la vieja Inés.

Cuentan que todo comenzó cuando los valientes hermanos Pinzones (los de la cancioncita) descubrieron la isla de Cuba desde el mástil de la Pinta.

Al parecer los marinos ya verdes por el viaje y rojos por el sol, en fin: «pintones» se agolparon en la proa decididos todos a bajar de cualquier manera a la cristalina playa.

El primero en «apearse» de la carabela fue el audaz Almirante, quien con voz engolada pronunció aquello de: «¡Esta es la tierra más hermosa que ojos humanos han visto!». Acto seguido se enredó con el trapo del estandarte, dándose la «destimbalá» del siglo. Cayó el valiente Almirante a tierra con las «patas pá arriba», cual cucaracha fumigada.

Tras ese accidentado e histórico desembarco, se escuchó una imprudente trompetilla. Ninguno de los presentes pudo precisar su origen. Nadie pudo descifrar si tenía acento español o indígena. Lo que sí aseguraron los espectadores que aquello dio lugar a la primera catarata de carcajadas en tierra cubana.

Hasta las higiénicas indias dejaron de lavarse sus nobles partes y corrieron a participar del primer relajo hispanoamericano del que se tiene noticia en el Caribe.

En aquel momento, con la anuencia de todos los allí presentes: siboneyes, taínos, guanajatabe-yes, gaitos, genoveses y «otras hierbas que el chivo no come» fue declarada por unanimidad la risa como patrimonio exclusivo de la «humanidad del cubano», pasando legalmente a formar parte de su ADN.

Desde entonces omnipotente y omnipresente, como Dios en todas partes, vive la risa dentro de nosotros. Esa que sale fácil y se pega rápido como el salpullido. Esa que nos alegra el alma, que nos enlaza y nos hermana a todos los cubanos, para siempre... para toda la vida... ¡Amén!!!

Y Colorín colorao, mi cuento ya está acabao y el tuyo no está empezao...

Acerca de la autora

La Doctora Graciela Lodeiro Rivero es médico psiquiatra de profesión y amante de la vida por afición. Nació en El Vedado, en la ciudad de La Habana. Estudió la primera enseñanza en el Phillips School, en el Reparto Kohly. Posteriormente la secundaria básica en Ciudad Escolar Libertad y el preuniversitario Saúl Delgado, de El Vedado.

Como médico psiquiatra ha trabajado en Cuba, México y Holanda.

Actualmente es psiquiatra investigadora y profesora universitaria en la Universidad Ana G. Méndez-Colegio Universitario del Turabo en Puerto Rico.

Email:
lodeirog@gmail.com
Facebook:
https://www.facebook.com/graciela.lodeiro.7

www.ingramcontent.com/pod-product-compliance
Lightning Source LLC
Chambersburg PA
CBHW031952040426
42448CB00006B/323